新时代营销新理念

U0365906

文能载商 —— 编著

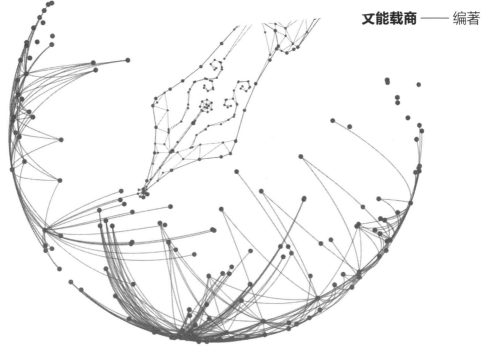

新媒体电商带货文案

New Media
E-commerce
Copywriting

从种草到爆款

清華大学出版社
北京

内 容 简 介

全书 12 章专题内容，从爆款种草文案的标题、正文、推广、发布平台、精彩案例等角度，帮助大家从新手成为电商文案高手。

全书 180 多个纯高手干货技巧，从文案创作与推广的各个层面，实现销售上百万、千万的精彩蜕变，助你快速成为带货达人。

书中具体内容包括：爆文标题、正文创作、营销推广、公众号带货、朋友圈带货、小程序带货、直播带货、抖音带货、快手带货、头条号带货、微博带货、淘宝带货等，教你引爆创意，用"种草"内容创造财富，向潜在用户提供他们想了解的信息，给出充分的理由，让他们心甘情愿成为你的粉丝，或者产品实际的购买者。

本书适合的读者对象包括：淘宝、天猫、微店等各电商平台卖家和相关运营人员；图文、短视频、直播等内容形式的自媒体创业者；新媒体、头条号、微博、抖音、快手的文案运营人员。

本书封面贴有清华大学出版社防伪标签，无标签者不得销售。

版权所有，侵权必究。举报：010-62782989，beiqinquan@tup.tsinghua.edu.cn。

图书在版编目(CIP)数据

新媒体电商带货文案：从种草到爆款 / 文能载商编著 . —北京：清华大学出版社，2022.4
（新时代·营销新理念）
ISBN 978-7-302-58098-0

Ⅰ．①新⋯　Ⅱ．①文⋯　Ⅲ．①电子商务－网络营销－广告文案－写作　Ⅳ．① F713.8

中国版本图书馆 CIP 数据核字 (2021) 第 084127 号

责任编辑：刘　洋
封面设计：徐　超
版式设计：方加青
责任校对：宋玉莲
责任印制：杨　艳

出版发行：清华大学出版社
　　　　　网　　　址：http://www.tup.com.cn，http://www.wqbook.com
　　　　　地　　　址：北京清华大学学研大厦 A 座　　　　　邮　　编：100084
　　　　　社 总 机：010-83470000　　　　　　　　　　　邮　　购：010-62786544
　　　　　投稿与读者服务：010-62776969，c-service@tup.tsinghua.edu.cn
　　　　　质 量 反 馈：010-62772015，zhiliang@tup.tsinghua.edu.cn
印 装 者：三河市国英印务有限公司
经　　销：全国新华书店
开　　本：170mm×240mm　　　印　　张：16.5　　　字　　数：278 千字
版　　次：2022 年 4 月第 1 版　　　印　　次：2022 年 4 月第 1 次印刷
定　　价：79.00 元

产品编号：087823-01

前言
PREFACE

　　写作人人都会，但是想要写好电商文案，却不是那么容易。生活中，你会发现，同样的一件产品，有的文案转化率很高，有的文案却只有很低的点击率，显然，文案的写作并不是一件简单的事情。

　　为什么一件同样的产品，不同的带货文案会有不同的转化率呢？原因在于，带货者常常容易忽视三个问题。

　　第一个问题，只按自己的想法来做，忽视用户心理。很多店家在进行文案带货时，只知讲述自家的产品优点，却忽略了消费者的喜好。只有满足用户需求，才能让他们下单。

　　第二个问题，只顾着写，却忽略了总结。有的店家每天都进行文案推送，但是转化率依然上不去。想要轻松成就爆款种草文案，少不了坚持和总结。

　　第三个问题，忽略带货文案背后的逻辑。想要解决这个问题，必须对案例进行拆分。刚开始的写作都是从模仿开始，但模仿并不是简单地套用，而是要对其进行分析，了解文案背后的逻辑。

　　一篇带货文案的推送，能销售上万款产品，盈利几十万元、上百万元，早就已经不是什么新鲜事。一个自媒体平台用内容推广产品，使默默无闻的产品一夜成名，成为爆款，商家发货发到手软。这些爆款的成功，背后基本都是文案带来的力量。

本书的核心就是帮助广大想要加入新媒体电商文案写作，借助带货文案打造爆款产品的写作者指出方向，让大家清楚了解如何制作爆款种草内容，又有哪些新媒体平台可以利用。没有内容，如何从零开始打造高品质内容？不会推广，如何借用内容实现快速引流？不懂运营，如何才能让内容收益最大化？

正是为了解决这些问题，本书中分析了一些经典的实战案例，分享心得。而这些心得，对于一般的文案作者和活动策划者来说，是极不愿意与他人分享的，因为其中的任何一个实用性强的技巧，都是他们花了无数的时间、精力和金钱成本获得的，是不轻易示人的。

这本书的价值便在于此，力争将自己通过大量时间、精力和金钱获取的文案和活动干货技巧，奉献给对写作文案和策划活动有需要的朋友们，如果能成为引玉之砖，对大家有所启发，那便值得了！

本书从文案创作和带货平台两大模块出发，每个模块的内容不仅干货多多，而且亮点纷呈。具体章节内容包括爆款标题、正文创作、营销推广、公众号带货、朋友圈带货、小程序带货、直播带货、抖音带货、快手带货、头条号带货、微博带货、淘宝带货等。

最后要提醒大家的是，许多高级文案创作者和成功的活动策划者，在谈及成功秘诀时，只有这几个字：努力，努力，再努力。在此和大家共勉。

目录
CONTENTS

带货平台篇

第 4 章　公众号带货：文案带来巨大的流量 / 064

文案创作篇

/第/ 1 /章/

爆款标题：利于用户发现和点击

　　对于新媒体带货文案来说，标题很大程度上影响着文案的点击率以及带货产品的转化变现能力。要想创作一篇高点击率的带货文案，一个好的标题是成功的第一步。在本章中，笔者将为大家介绍两点：高点击率标题的创作核心以及爆文标题的类型，为带货软文的撰稿人提供参考。

1.1 爆款标题创作核心：轻松获取更高阅读量

对于软文写作技巧，我们首先要提的就是软文标题的设计。从上学开始，老师就常告诉我们写作文的技巧："题好一半文。"意思是说，一个好的标题就等于成功了一半。不过，优秀的标题也不是那么容易写出来的，下面来看看撰写软文标题的一些技巧，可以让我们很好地掌握软文的写作技巧。

★ 1.1.1 标题核心：一句话也有不少学问

读者最喜欢的软文标题就是简短好记的，最好扫一眼就可以在脑海里留下印象。而太过冗长的软文标题，往往容易让读者反感，从而失去阅读的兴趣。

下面来做个对比，可以很明显地看出选择简短标题的优势，如图1-1所示。

《广州平价购物指南》

情商最高的三个生肖，说话办事滴水不漏，年纪轻轻就是人中龙凤

图1-1 简短传神的标题与繁复冗长的标题对比

通过对比，看得出"《广州平价购物指南》"这个标题明显、简单、直接，可以让人在看到的第一眼就知道这是关于平价商品的文案。后面软文的标题就太过冗长，而且表达的主题也不够清晰。

标题是通往软文营销成功的大门，如何让软文标题为内容点睛，抓住读者的眼球，是所有软文撰写者必须思考的问题。

笔者给出的建议是，用一句话概括内容的核心，让读者看到这个标题就知道文章内容是什么。这样做有两大好处，如图1-2所示。

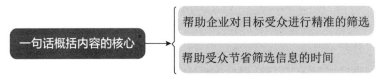

图1-2 一句话概括内容的核心

软文的标题需要点题，必须在标题中体现出软文所要表达的主题。一个主题模糊的标题不仅无法吸引读者，更是没有任何意义的。对于软文写作的撰稿人来说，如果不能够用一句话来概括文章的核心内容，说明其对软文内容还不够了解，还没有完全认识到软文内容的本质。那么，对于这样的软文作品，其最终的营销效果会好吗？

同时，因为软文标题要用一句话来点明主旨，就意味着标题的字数也要受到控制，具体控制在多少字，笔者觉得，10～15字比较好，就是在能够让读者扫一眼就看完的范围内，这样读者注意到并点击的概率会大很多。

专家提醒

在设计软文标题的时候，还可以尝试使用一些比较有吸引力的词来抓住读者的眼球。

1.1.2 标题方向：离10w+爆文更近一步

一提到标题党，可能大多数人便对其"恨之入骨"，不同的标题党，其风格也是不同的。按照风格类型，标题可以分为以下两种——良性标题风格和恶性标题风格，如图1-3所示。

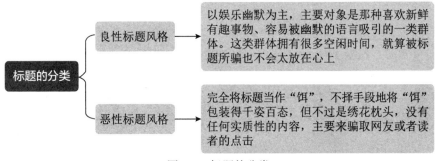

图1-3 标题的分类

对于一篇优质的软文来说，一定要注重软文标题与正文内容相符合，标题不能过于夸张。在标题的撰写上，我们还需要掌握一定的技巧。

1. 打感情牌

打感情牌的效果一般都会非常不错，因为人们都有同情弱者的天性。博取同情标题最常用的就是使用先抑后扬的手段，先说自己如何凄惨，最后又是如何成功的。像这样的标题，一般都很吸引读者的眼球。

在标题里打出感情牌，站在读者的角度，会很容易联想到若自己身上也发生此类事情，应如何面对，由此心中充满了疑虑和担心，从而促使其点击，例如这个标题：《就因为我买了一瓶香水，男朋友就要跟我分手？》。

一看到这个标题，人们就会想到究竟是什么香水，会让一对男女朋友分手。从这一点来看，这个软文标题是借助了人们好奇的心理。同时，这个标题展现的内容，尤其是"分手"二字，又不得不让读者对该主人公产生一丝同情。好奇心和同情心一起发挥作用，就让人想赶紧点进去看看。

感情牌可以分为很多类型，除了博取同情之外，还可以借助人们容易被感动的事物感动的心理来打造标题。人是高级动物，拥有极其丰富的情感，尤其是对亲人朋友之间的感情，往往是深沉内敛、细水长流的。因此，软文标题从父爱、母爱、闺密情，或者其他感情方面的内容入手，用情感来打动读者，也是很容易走进读者内心的，例如《唉，农民难啊，东西卖不出去，只能烂在地里》。

这是某个农产品电商的软文广告标题，这个标题最大的特点就是煽情，从"农民""卖不出去""烂在地里"等词中可以看出其中蕴含了讲述者很多复杂的情感。从这个标题可以看出来，这是个触动人心的故事，如果读者想知道到底是什么情况，就一定会点击进去阅读。

2. 隐含意义

隐含意义的标题就是通过一些具有暗示性的语言，让读者产生一种其他人都知道的事情，可是自己却不知道的错觉，通过这种大众心理来吸引读者点击进入，例如《我被同事种草的9件精致好物，竟然只要几十块！》。

这个标题首先告诉读者文章的主旨：有9款精致的好用产品。后面的一句感叹句——"竟然只要几十块！"，作为强调，用一种暗示性的语言，会让读者产生一种"这9款产品很好用，并且价格很实惠"的感觉。因此，读者就会有想点进去的欲望，看看到底是哪9款产品。

3. 现身说法

现身说法的标题实际上就是讲一个真实的故事，而且这个故事是从自身角度出发的。如果是自媒体人或者网络营销者想对个人品牌进行宣传带货，可以从自身的励志故事出发，再与带货产品进行衔接；如果想对某个企业进行宣传，那么这个标题可以让企业现身说法，讲述企业背后的故事。当然，所讲的故事也有一定的要求，必须要讲积极、正面、正能量的故事。

现身说法的标题一定是积极正面的，不能负面消极。要知道，人们都喜欢听故事，积极向上的故事能够给人带来激励的效果，促使人们改变自己的行为，成为一个积极向上的人。就算不能改变人们的行为，也会给予他们心理上的慰藉，让他们获得精神上的满足。但是负面消极的标题，容易给人带来消极负面的情绪。这种标题是很容易遭人诟病的，人们自然就不会点进去看内容，更不会通过带货软文购买产品了。

例如下面这些示例就是使用现身说法的标题：

- 美好生活，从一杯早餐奶开始
- 宅家的几个月，她靠卖面膜赚到380万
- 3个月把62岁老人教成英语口语达人
- 42岁被辞退被离婚，如今她靠整理把房间扩大了三倍

◎ 专家提醒

使用现身说法类标题时要注意故事内容和带货产品的匹配度。

4. 有针对性

有针对性的标题是指针对某一主体，为这一主体遇到的问题提供解决的方案和产品，这种标题就很容易挖掘到潜在客户。在选择想要针对的群体时千万注意，自己不能将针对的目标定得太过狭窄。

也许带货产品的目标人群本身就狭窄，但是可以适当地将目标扩大化，只要不是偏离得太过分就没问题。

例如下面这些示例：

- "中年"女歌手没有中年，以张××为例

- 谁说瘦子只有干瘪身材？会搭配的瘦子美翻你

- 天然双眼皮和割的双眼皮会有什么区别？

- 护肤有道：男士早上"极速"护肤

这些软文的标题都是直接在标题中指出了自己针对的主体人群，例如：《"中年"女歌手没有中年，以张××为例》针对的就是中年群体；《谁说瘦子只有干瘪身材？会搭配的瘦子美翻你》针对的就是偏瘦的人群；《天然双眼皮和割的双眼皮会有什么区别？》针对的就是想通过美容变成双眼皮的人群；《护肤有道：男士早上"极速"护肤》针对的就是男性人群。

5. 不按常理

不按常理出牌的标题，就是逆向思维的标题。逆向思维是指从反方向对已成定论的事物进行思考的一种思维方式。从事物的对立面进行思考，往往能够得出非常与众不同的观点，看到别人看不到的事物，如图1-4所示。

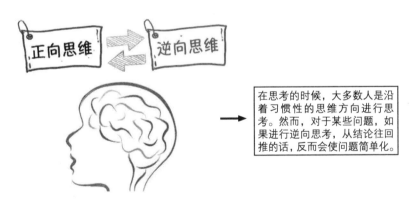

图 1-4 认识逆向思维

当所有人都在按照正向思维进行产品介绍和带货的时候，有人能够从问题的反面进行探索，重新定义，创新带货角度，让标题显得与众不同，吸引用户的目光，这就是软文标题逆向思维的要点。

例如下面这些示例：

- 因为一份种草清单，我被闺蜜踢出了群聊！

- 告别后厂村，我要去云南！

- 集五福这事让我感觉这届骗子不太行

6. 警醒作用

警醒类标题是一种有力量又严肃的标题，说得通俗一点，就是用标题给人以警醒作用。警醒型标题通常是将警告事物的特征、功能、作用移植到带货软文标题中。

这类标题，常以发人深省的内容、严肃深沉的语调给读者以强烈的心理暗示，尤其是警醒式的标题，常常因提醒、警示、震慑的作用而被很多带货软文撰写者所追捧和模仿。

例如下面这些警醒类标题：

- 喷雾越喷越干，我们被骗了？
- 雷区吐槽，这12款化妆品再便宜也不要买！
- 离职柜姐透露：在专柜买护肤品时，打死别买这5种
- 雷区吐槽大会！7款比苏大强还坑的化妆品，快看看你化妆包里有吗？

☉ 专家提醒

然而，警醒类软文标题也并非可以随便使用，也有适合与不适合的地方。

运用得当，则能使标题熠熠生辉，取得其他标题无法替代的效果；运用欠妥的话，很容易使人反感或引起不必要的麻烦。因此，使用警醒式标题应小心慎重，注意言辞，决不可草率。

7. 给予承诺

承诺型标题也称许诺式标题，在撰写这类标题时，会在标题中体现出这篇带货软文所能带来的作用的一种承诺，可以是通过产品带来物质、金钱、身体的健康，也可以是精神上的满足。

该类标题运用的范围很广，在任何领域都可以运用，但需要注意的是，商家要保证标题中的承诺一定是真实存在的，不然就有欺诈的嫌疑。

承诺型标题主要有三大类，如图1-5所示。

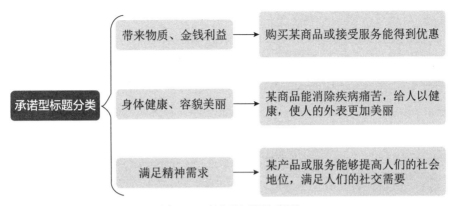

图1-5 承诺型标题的类型

例如下面这些示例：

● 这些祛痘产品，成分安全又有效！

● 拥有它，你就是闪闪惹人爱的小仙女！

● 时髦一个春夏，有这5件单品就够了！

● 赶不走的细菌螨虫，用它喷一喷就能消失！

专家提醒

这些软文标题中，第一则是向顾客承诺为他们提供成分安全且有效的祛痘产品；第二则是向用户承诺拥有该产品，就能成为闪闪惹人爱的小仙女；第三则承诺只要5件单品，就能让女性时髦一个春夏，经济又实惠；最后一则是向消费者承诺，只需要购买一个喷剂，就能让细菌和螨虫全部消失。

★1.1.3 关键词：快速拆解爆文标题关键词

企业想要更全面地深入带货软文的世界里，就得依靠"关键词"。"关键词"可以决定一篇软文是否带货成功。只要关键词放置得当，就能为软文创作者以及带货产品品牌创造出一定的营销收益。

软文带货并不是简单的文字堆砌。一篇优秀的带货软文，是能够让人从标题中就窥视出撰稿人以下能力的：

● 软文带货功底是否深厚；

● 媒体新闻感知力是否敏锐；

● 对产品的观察力是否透彻；

● 对消费者的了解程度等。

这些能力主要体现在软文标题的关键词、句式的运用、语言风格和词语选择上，而关键词是这些因素中最重要的一个因素。在软文的世界里，关键词通常有两层含义，如图1-6所示。

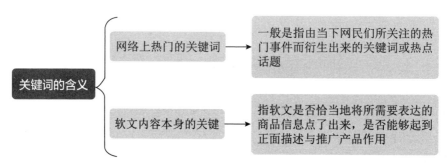

图1-6　关键词的含义

热门事件通常具有实效性，因此品牌如果想运用热门事件进行软文带货，就要把握好这一点，及时抓住热门事件，并融入网络上的关键词，这样就很容易引起网民们的注意。如果热门事件运用得好，说不定还能达到软文带货的最高境界。

那么，如何挑选关键词呢？笔者在这里向大家推荐微博搜索热搜榜以及百度搜索风云榜，这两个榜单都是一个通过大数据实时更新网络热点新闻的平台，并且都是根据网民的热门点击与搜索，建立的十分权威的关键词排行榜。带货软文的撰稿人可以基于这些平台，快捷地找到适合自己带货产品的网络关键词，如图1-7所示。

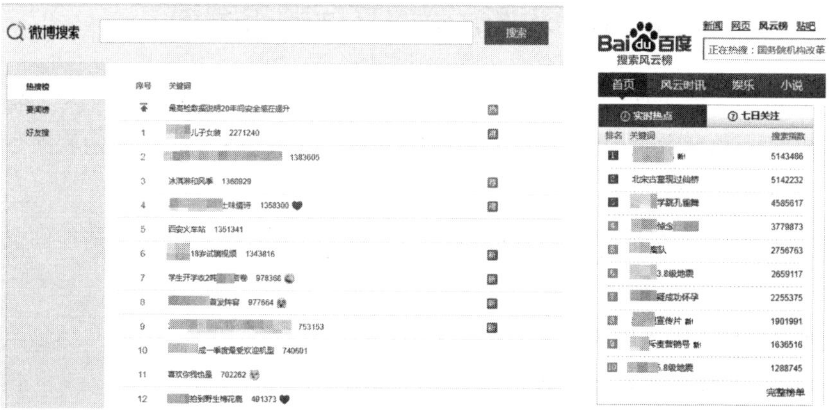

图1-7　微博搜索热搜榜以及百度搜索风云榜

软文带货过程中内容本身的关键词，其实是撰写者将文章主旨提炼出来，让读者看到标题就能够了解到带货软文中心思想的关键词，这种关键词最好把握好以下几点内容：

- 用语通俗简单；
- 所展示的是人们所熟悉的内容；
- 要有戳中产品对应消费者痛点的字眼；
- 指出能够为消费者带来的利益。

⊙ 专家提醒

关键词的重要性不言而喻，标题中好的关键词，能够为商家带来更高的点击率，能够让更多的消费者看到软文内容，能够为商家带来更好的宣传。

★ 1.1.4 标题工具：一键生成标题，提升点击率

好的标题能够让带货软文拥有百万点击率，但是如何拥有一个好的标题呢？如果带货软文的标题取得不好，会让消费者一眼就看出营销目的，并且还会被认为是"标题党"，因此标题的好坏对带货软文的影响很大。如果软文带的货品很好，但是软文的标题不佳，那么该篇的软文带货效果也会大打折扣。

有的撰稿人好不容易想出契合带货产品的软文的标题，但是标题不够吸引人，点击率依然上不去。那么，如何取标题，解救所谓的"取名废"人群呢？在这一小节中，笔者将为取名困难人群带来解决此烦恼的福音——标题工具。

标题工具指输入关键词后即可通过智能化的数据筛选出适合的标题，并且这些标题都是百万的点击率。软文的撰稿人可以从中进行筛选，也可以参考筛选的标题进行修改和调整。

"乐观号"是一个为各类自媒体人提供原创检测、热点追踪等服务的大数据分析平台。对于文案带货的撰稿人来说是一个很好的写文工具，并且在网站内还提供标题大师的功能。

在"乐观号"首页中，如图1-8所示，共显示三个功能：乐观编辑器、交易广场、乐观数据。想要选择标题大师功能的撰稿人，可以执行如下操作。

步骤01 单击首页中第一个"乐观编辑器"图标，如图1-9所示。

图 1-8　"乐观号"首页

图 1-9　单击"乐观编辑器"按钮

步骤 02　进入相应界面后,在页面左侧列表中选择"写什么"选项,在列表展开栏中选择"标题大师"选项,如图 1-10 所示。

⊙ **专家提醒**

除了"标题大师"以外,乐观编辑器还具有其他的功能,例如热点追踪、十万爆文、原创检测、营销黄历、短视频助手等,可以解决文案编写问题;一键排版、排版素材、海量图库、一键发布等功能,可以解决文案排版和插图烦恼。

步骤 03　执行操作后,在页面关键词区域中,完成下面步骤:❶依次输入你想要的关键字;❷输入完成后单击生成标题即可,如图 1-11 所示。

"易撰"与"乐观号"一样,也具有生成标题的功能。图 1-12 为"易撰"网站的首页。

图 1-10 选择"标题"选项

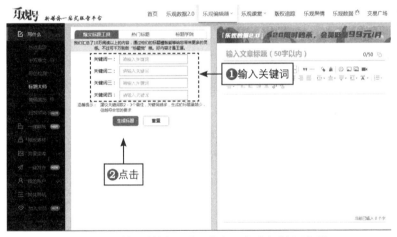

图 1-11 输入关键词后，单击"生成标题"选项

图 1-12 "易撰"网站的首页

⭐ 1.1.5 标题库：提升创造好标题的能力

除了使用生成标题工具以外，还可以运用一些优质爆款软文所具有的标题规律，按照规律进行命题。在这一小节中，笔者将为大家提供一套标题库，讲述优质爆款标题的命题思路与规律。

标题在一定程度上相当于一个人的脸，决定着他人的第一印象，因此标题的重要性不言而喻。那么，创造标题时要有哪些准备呢？

首先，我们需要了解一篇新媒体带货文案标题创作的基本核心——与用户具有相关性。人们都会对跟自身相关的产品感兴趣，因此想要成为优质的带货软文，相关性就是带货软文标题的核心。例如，一篇带货软文标题是《被遗忘的 D 级豪车，聊雷克萨斯 LS 为何被逐渐边缘化？》，那么当一个经常关注汽车的男性用户看到这篇文章之后，自然就会点击。通常，一篇新媒体带货软文的受众用户就是其带货产品所面向的人群。

以下是体现带货软文标题创作基本核心的标题参考：

● "618" 清单 | 羊毛薅起来

● "618" 囤货攻略 | 科学养猫怎么屯最实用

● 大孩子送礼指南，娃会尖叫 "我爹妈的品位赞爆了！"

● 种草机上线，让果汁系女孩欲罢不能的春夏口红合集来咯！

可以看出，第一个标题体现的是针对 "羊毛党"，第二个标题是针对养猫的 "铲屎官"，第三个标题针对的是大孩子的父母，第四个标题针对的是 "果汁系女孩"。

了解创作核心后，笔者为大家总结了一套标题库，如图 1-13 所示。题库内标题根据爆款标题总结而成，共包括 29 种类型。

▶ 01. 悬念性标题	▶ 15. 描述型标题
▶ 02. 戏剧性/故事性标题	▶ 16. 对比型标题
▶ 03. 情绪型标题	▶ 17. 疑问式标题
▶ 04. 利益型标题	▶ 18. 数字（时间）型标题
▶ 05. 实用锦囊型标题	▶ 19. 愿望型标题
▶ 06. 新闻社论标题（蹭热点）	▶ 20. 夸张式标题
▶ 07. 惊喜优惠型标题	▶ 21. 如何式标题
▶ 08. 好友对话标题	▶ 22. 前后反差类标题
▶ 09. 意外故事（矛盾式）标题	▶ 23. 警告型标题
▶ 10. 热点型（傍大款）标题	▶ 24. 提问型标题
▶ 11. 表情式标题	▶ 25. 理由型标题
▶ 12. 争议性标题	▶ 26. 见证型标题
▶ 13. 意外型标题	▶ 27. 创意性标题
▶ 14. 极限型标题	▶ 28. 与他有关型标题
	▶ 29. 说出心里话

图 1-13　标题库

标题库的建立目的是方便在下一次命题时可以依据带货软文的产品以及内容主题选择相应的标题类型，在一定程度上为标题的创作降低难度。建立标题库的时候，我们可以利用一些工具，例如印象笔记、Excel 表格等。

除此标题库之外，还可以对爆文标题进行拆解。例如，《我是怎么被一个 53 岁的女人种草 6 支口红的？》的带货软文标题可以拆解为"提出疑问 + 反问句 + 潜意识反差"的结构。经常对高点击量带货软文标题进行拆解，便可以提高自身的命题能力。

再比如，《世上怎么有这么讨厌又这么美的女二？居然还这么种草》的软文标题，就可以拆解为"提出疑问 + 人物 IP 反差点 + 感叹词"的结构。随着拆解次数的增多，对高点击量带货软文标题的命题规律也就了然于心了。

1.2 爆文标题类型：形成自己的文案标题框架

标题对于软文来说是不可忽视的一部分，可以这么理解，若是软文标题不能吸引读者，那么读者也不会点击查看，所以对于软文来说，标题是非常重要的，下面就来了解各种常用的软文标题。

★ 1.2.1 颠覆认知型：让读者有点击的欲望

颠覆认知型的命题重点是：与大众普遍认同的观点所相异，甚至看到的用户可能会觉得不可思议，颠覆了其习以为常的认知。例如，《改了两个版本就成功融资 1500 万元，这款产品是如何做到的？》的标题，只是更新了两个版本就能融资这么多，这与人们日常生活的经验所违背，用户看到之后，就会想点击看是如何做到的。

在进行颠覆认知型标题构思时，撰写者需要思考三点：首先，你的标题是否会让消费者产生思考；其次，标题是否会引发消费者的好奇心；最后，你的带货软文标题是否会让消费者产生点击的欲望。

以下是一些颠覆认知型新媒体带货文案标题的参考：

● 购物车必删的 23 种"智商税"，今年又省钱了

- 你不知道 swatch 原来这么厉害
- 脸大怎么了？脸大的好处你不知道
- 卸妆 1 次修复 8 天？看雅诗兰黛们的办法

1.2.2　热点借势型：调动用户的好奇心

热点借势型的命题重点是利用热点话题或者热门人物。热点借势型标题的优势在于，可以因为热点而获得更多的流量，从而提高带货转化率。

一般来说，事实热点拥有一大批关注者，而且传播的范围也会非常广，新媒体带货软文的标题借助这些热点就可以让读者轻易地搜索到该篇带货软文，从而吸引读者去阅读软文里的内容，以及购买软文中的产品。

那么，在创作借势型标题的时候，应该掌握哪些技巧呢？笔者认为，可以从以下三个方面来努力，如图 1-14 所示。

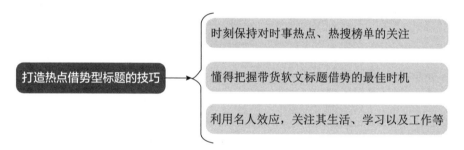

图 1-14　打造热点借势型标题的技巧

以下是一些热点借势型带货软文标题的参考：

- 你一辈子的螺蛳粉我承包了
- "618"最强薅羊毛攻略！力度堪比"双 11"！
- "618"第一波清单来了！这些羊毛值得薅！
- 满 30 返 20，手机银行京东"618"购物狂欢节

第一个带货软文就是利用微博热搜"螺蛳粉"的热点；第二、三、四个标题都是利用即将到来的"618"购物节的热点。

1.2.3　一本正经型：将基本要素告诉读者

一本正经型标题一般都是比较正规的，就像新闻一样，给人一种信赖感，

这类软文标题在新闻类网站能经常见到。一本正经型标题有单行、双行等多种形式，只要描述清楚时间、地点、人物、事件等基本的要素即可。

一本正经型标题具备新闻标题的特点，有一定的权威性，所以经常出现在企业新闻类的网站或行业新闻栏目中。图1-15为两篇房地产软文标题示例。

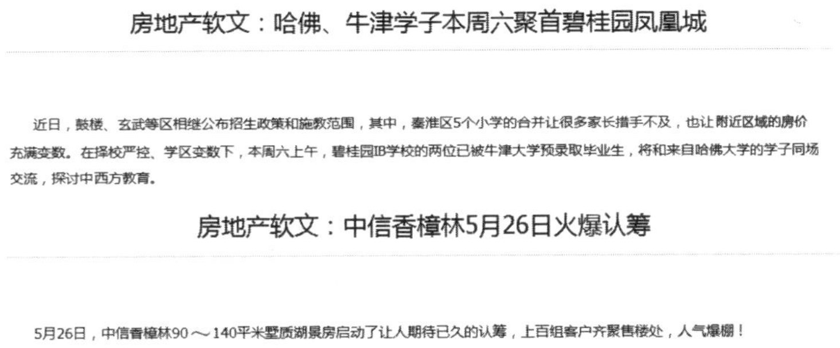

房地产软文：哈佛、牛津学子本周六聚首碧桂园凤凰城

近日，鼓楼、玄武等区相继公布招生政策和施教范围，其中，秦淮区5个小学的合并让很多家长措手不及，也让附近区域的房价充满变数。在择校严控、学区变数下，本周六上午，碧桂园IB学校的两位已被牛津大学预录取毕业生，将和来自哈佛大学的学子同场交流，探讨中西方教育。

房地产软文：中信香樟林5月26日火爆认筹

5月26日，中信香樟林90～140平米墅质湖景房启动了让人期待已久的认筹，上百组客户齐聚售楼处，人气爆棚！

图 1-15　两篇房地产软文标题示例

⊙ 专家提醒

分析：这两个软文标题都属于一本正经型的软文标题。

第一个标题中包含：

● 时间：本周六；

● 地点：碧桂园凤凰城；

● 人物：哈佛、牛津学子。

第二个标题中包含：

● 时间：5月26日；

● 地点：中信香樟林；

● 事件：中信香樟林认筹。

这两个软文标题都是单纯地点出了时间、地点、人物、事件等基本要素，看起来十分权威，这就是一本正经型软文标题的要点。

★ 1.2.4　经验分享型：传以鱼不如传以"渔"

日常生活中，经验式标题特别受读者喜爱，因为读者是带有目的性阅读软文，想在软文中吸取某一方面的经验与总结的。当然，这对写手的逻辑性要求也很高。这类文章可给读者一个眼前一亮的结果，简单而明了，读过之后可以少走很多弯路。图 1-16 所示为一篇洗面奶软文标题示例。

护肤品软文范例：做好清洁工作，远离问题肌肤

我们每天在一层一层涂抹护肤品、化妆品的时候常常忽视了清洁的重要性，虽然你每天都洗脸，但是你清洁得是否彻底、是否干净呢?其实皮肤的清洁很重要，如果肌肤得不到很好的清洁就会出现一系列皮肤暗黄、毛孔阻塞等问题，所以想要拥有好的皮肤，清洁很重要哦!

图 1-16　洗面奶软文标题示例

⏺ **专家提醒**

分析：这篇软文标题就属于经验分享型的，通过这个标题我们可以猜到，作者是想向读者分享肌肤清洁的相关知识经验，爱美或者受皮肤清洁问题困扰的女性就会点进去看，顺便查看作者推荐的带货产品。

再来看一则经验分享型的软文标题示例，如图 1-17 所示。

建议喜爱用防晒喷雾的人：避开这两个误区！否则，风险高伤皮肤

图 1-17　经验分享型软文标题

⏺ **专家提醒**

分析：这篇带货软文标题，就直接指明了这篇软文主要是向喜欢用防晒喷雾的人们讲授使用时的两个误区，顺便进行防晒产品的带货。

★ 1.2.5　疑惑自问型：帮助用户答疑解惑

疑惑自问型软文标题又称问题式标题、疑问式标题，问题式标题可以算是知识式标题与反问式标题的一种结合，以提问的形式将问题提出来，但消费者又可以从提出的问题中知道软文内容是什么。一般来说，问题式标题有6种公式，撰文者只要围绕这6种公式撰写问题式标题即可，它们分别为"什么是_____""为什么_____""怎样_____""如何_____""_____有哪些诀窍""_____有哪些秘诀"。

下面来欣赏几则疑惑自问型标题案例，如图 1-18 所示。

种草|怎样越花钱、越有钱？写给精致的你

小投 杉杉工作室

01

熟悉我的小仙女都知道，美言美课商城经常会推荐一些便宜好用、性价比超高的"平价大牌替代品""XXX同款衣服"，也总会收到一大波认可和好用的反馈。

每当这个时候我都很开心的，小仙女们终于不用踩我踩过的坑，吃我吃过的苦了！

种草 | 如何将岁月仿佛停留在年轻如初的时光里？/ #La Prairie

618种草 | 夏天怎样选口红，才能化身为元气少女？

Sophia爱美补习社

夏天里适合什么样的妆容？其实看看最近火遍全宇宙的《创造101》就知道啦。台上的美少女们的妆容，永远都保留了一份blingbling的感觉，让人感到青春洋溢、闪闪发光。

图 1-18　疑惑自问型标题案例

⭐ 1.2.6　对比突显型：告诉用户产品的特色

对比突显型标题是通过与同类产品进行对比，来突出自己产品的优点，加深读者对产品的认识。下面来欣赏对比突显型带货软文的标题，如图 1-19 所示。

盘点各国粽子料理 吃货们看过来！

[提要]　　吃货们看过来!端午节吃粽子，已经成为中国人过节不可或缺的传统之一，但除了华人有端午节吃粽子的习惯，世界各地也有许多国家有类似粽子的料理。

【App软文】小咖秀成炮灰 短视频App智能化才是王道

自称"人生如戏，全凭演技"的小咖秀最近火得一场糊涂，炎炎的夏日就像一把助燃剂，点燃了飙戏的热情，就连明星们都飙戏停不下来。且不论明星飙戏的战况如何，小咖秀三个月的下载量却是实实在在地突破了千万大关。正在有人分析小咖秀的风靡为微视频创业打了一剂强心针的时候，又有人站出来，强烈指出小咖秀只是短视频App前进中的一个炮灰，这又是为何？

图 1-19　对比突显型标题软文案例

◎ **专家提醒**

对比突显型标题还可以加入悬念式标题的手法，能更加突显出标题的特色，吸引消费者的注意力，这样的软文既用了对比，又有悬念，很符合当代人的口味，如《为何别人躺着能赚钱，而"我"却要上班？》等。

▣ 1.2.7　论述观点型：告诉用户重要观点

论述观点型标题，是以表达观点为核心的一种带货软文标题撰写形式。一般在标题上会精准到人，这些人可以是明星或者具有某方面的经验人士。这类带货软文会将人名放置在标题上，在人名的后面会紧接着补充对某件事的个人观点或看法。下面就来看几种论述观点型标题的常用格式：

- "某某认为＿＿＿＿＿＿"；
- "某某称＿＿＿＿＿＿"；
- "某某指出＿＿＿＿＿＿"；
- "某某：＿＿＿＿＿＿"；
- "资深某某，他认为＿＿＿＿＿＿"。

下面就来欣赏几则论述观点型带货软文标题的案例：

- 权威部门指出，量子点电视买前需三思
- 人气防晒 TOP10| 美容编辑告诉你 到底什么防晒霜好用
- 养狗狗的好处有哪些？专家指出这五大优点

▣ 1.2.8　统计冲击型：与用户心灵产生碰撞

统计冲击型标题也叫数字冲击型标题，就是在标题中写明具体数据的软文标题形式。一般来说，数字对人们的视觉冲击效果是不错的，一个巨大的数字能与人们产生心灵的碰撞，很容易让人产生惊讶感，想要得知数字背后的内容。带货软文标题的数字可以是产品的价格或者数量等。下面就来欣赏几则统计冲击型的带货软文标题，如图 1-20 所示。

房地产软文：雅戈尔璞墅，折实价325万得525平方米

璞墅，雅戈尔浪漫西班牙院墅，自公开以来，因其优越的生态环境、卓越的产品力以及浪漫唯美的景观广受市场好评，成交量也是一路领跑，相关统计机构发布的数据表明，2012年1—5月，雅戈尔璞墅高居苏州别墅销售榜首。目前雅戈尔璞墅新推出的中央溪院叠墅再次引发市场追捧，该产品低总价得超大实用空间的性价比优势明显，加之12席的产品稀缺性值得别墅置业者收藏。

地产软文：1小时解筹1.5亿　逆市热销续写保利传奇

"7"字头起售引发楼市"小阳春"

12月初，保利梧桐语放出7099元/平方米起售的震撼消息，再配合开盘享受折扣的认筹活动，一时间交筹客户挤爆售楼处。

地产软文：45天内送完500万元

岁末，河西楼市再起波澜，一家开盘两年来始终占据市场绝对焦点、以热销频频引爆南京楼市的知名大盘苏宁睿城推出了总额高达500万的感恩大派送，消息一出，再次在业内引发强烈震撼。既已将完美收官，何以多此一举？苏宁睿城相关负责人开始介绍起了此次年度感恩计划。

图 1-20　统计冲击型标题软文案例

1.2.9　扣住"十大"型：比普通更具影响力

扣住"十大"型标题，就是指在标题中加入"十大"之类的词语，例如《暑假十大旅游热门城市》《2020 年十大好书推荐》《全世界最酷的十大热门旅游景点》等。这种类型的标题的主要特点有：传播率广；容易被其他网站转载；容易产生一定的影响力，进而提高软文带货能力。

下面就来欣赏一下扣住"十大"型标题软文的案例，如图 1-21 所示。

深度解密｜选择兰州万达城住宅的十大理由！

出游必看！浑南十大景区列出五一入园要求

辽沈晚报　4月30日

世界最奢侈十大红酒品牌，有你钟意的吗？

百城学堂　今天

图 1-21　扣住"十大"型标题带货软文的案例

★ 1.2.10　网络词汇型：分分秒秒夺人眼球

网络词汇型软文标题，就是将网上比较流行的字眼（如"淡黄的长裙""又双叒叕""是我站得还不够高吗"等）嵌入带货软文标题中，让读者一看就觉得十分有新意，并且愿意去点击查看带货软文的内容。图1-22所示为网络词汇型带货软文标题案例。

刘雯法式复工，却遇到了淡黄的长裙？

微言大事　＋关注
2020-03-30 09:59

原创　"淡黄的长裙"穿搭大赛都开始了，还不打算入手一条？

回 丫大小姐　2020-04-05 13:33

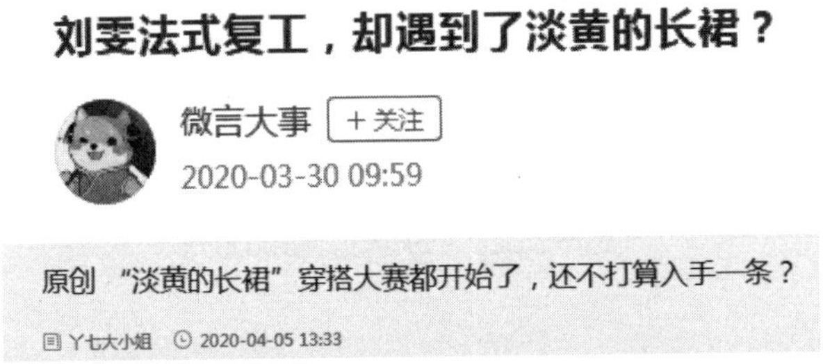

图 1-22　网络词汇型带货软文标题案例

◎ **专家提醒**

分析：在图1-22所示的软文案例中，都运用了"淡黄的长裙"这个网络用语。"淡黄的长裙"主要源自热门的综艺节目《青春有你2》，因其中一个选手将这句歌词唱出"说话"的感觉，被网友纷纷调侃。像这种网络流行用法常常会被运用在微信朋友圈、微博中，在带货软文撰写中也经常用到，十分夺人眼球。

/第/ 2 /章/

正文创作：牢牢贴近消费者的心

确定恰当的带货文案的标题之后，接下来进入正文写作。那么，什么样的正文内容更适合呢？在本章中，笔者将为新媒体带货文案撰稿人提供两点内容创作的思路以及角度：第一为攻心为主，从六个不同角度打动消费者；第二是提供八条爆文规律，激发消费者购买欲。

2.1 攻心为主，用文案突破用户的心理防线

新媒体带货文案的类型属于软文，是一种针对消费者心理，从情感上对特定产品或品牌进行引导的文字模式。其作用有很多方面，例如为企业获得搜索排名，增加企业网站点击量，提高企业的知名度，帮助企业品牌增加曝光率，为相关媒体平台导入流量等。

既然带货文案有这么多的作用，那么企业一定要好好把握其正文的写作技巧，将带货文案营销的作用发挥到最大。下面就让我们来看看带货文案正文的写作技巧。

★ 2.1.1 例子：填补说服力的神器

对于带货文案创作者来说，具备了丰富的知识，才能驾驭各类产品的软文写作。在互联网时代，一篇带货文案往往能考察出撰稿人的"内功"深厚程度和专业素养的高低，但这并不意味着一个内功深厚、专业素养高的人，就能够写出让人难忘的带货文案。

对于一个专业素养高的人来说，他也许能够写好一篇文章，但是不一定能够写好一篇软文。文章和带货文案还是有区别的，主要表现如下：

- 普通文章：用来表达作者看法、抒发情感、让读者看到作者品质和内在灵魂的一种文字载体；
- 带货文案：一种带有浓厚的"带货"成分的文字形式。

因此，创作者不能够将带货文案当成文章来写，它是一种比文章更加烦琐的文字载体。由于带货文案中掺杂了浓厚的"带货"成分，因此在撰写带货文案的时候，需要有一定的说服力，才能打动读者。

通过例子来提升说服力，就是一种不错的手段，比如在文章开头，通过他人的事例来引入主题。图2-1所示为一篇抗衰老产品的带货文案。

【抗衰老软文】　▓▓▓▓ ▓▓▓：寻找明星不老神话

发布者：▓▓　　发布时间：2015-08-13 08:51　　浏览次数：105

你或许不知道▓▓▓ ▓，但是，你一定关注过诸如麦当娜、张曼玉、刘嘉玲、萧蔷、赵雅芝等这样的不老神话，而这样的神话在娱乐圈可谓屡见不鲜。不是她们比普通人拥有多么优越的先天条件，而是她们更坚持自己的保养之道，专业与得当的保养方法是她们对抗衰老的不二法宝。其中，▓▓▓▓就是一个在明星中间颇为流行的抗衰老方式。

图 2-1　抗衰老产品的带货文案

专家提醒

从图 2-1 中可以看出，文案的开头就利用了几位明星的"不老神话"来引出要介绍的产品。如果软文撰稿者一开始就直接从产品如何抗老这方面的内容出发，那么很难获得用户的信任，没有什么说服力。而这篇文案在开头借用明星不老的事例来引出产品的这种做法，就显得有说服力得多，让人很容易将明星不老和这个产品联系在一起，产品抗衰老的功效也自然而然地被引了出来。

★ 2.1.2　特色：语言风趣有新意

每篇带货文案都有自己的特色，在这里笔者要强调的主要有两点：

● 幽默风趣的语言；

● 有新意的形式或内容。

如今，很多带货文案都是给年轻人看的，这类群体喜欢新奇的事物，而媒体平台的内容，也更趋向于新意和趣味性，一篇太过严肃的软文往往唤不起他们的兴趣。因此，不论你是天马行空地想象，还是充分发挥发散思维，只要写出来的内容有新意、有逻辑性，再加上幽默风趣的语言，就一定能够获得大批的粉丝。下面笔者将从幽默风趣的语言、有新意的形式和内容这两方面进行介绍。

1. 幽默风趣的语言

在这个互联网高速发展的时代，娱乐化已经渐渐融入了人们的生活中，自命清高、整天摆着扑克脸的人是很难让人接近，也很难让人喜欢的。带货文案写作也是一样，一篇文风死板、语言严肃的文章是很难获得大多数受众的喜爱的，更别说成功带货了。因此，为提高读者的阅读体验、获得更多受众的回应，软文撰写者要注意文章语言风格的展现，以幽默搞笑的语言来展示产品，会比用死板正经的语言来展示有更好的效果。

2. 有新意的形式和内容

有新意的形式和内容可以从两方面入手：利用修辞或者巧用题记。

（1）利用修辞

在带货文案开头中，常常运用的修辞手法有比喻、排比、引用。修辞方法能够使文章更加有吸引力，并且加深人们的印象，引起消费者好感。

（2）巧用题记

题记写在带货文案开头，其作用是为了激发读者的阅读兴趣。其形式主要是用一段短小精悍的句子来引领全文的内容。对带货文案题记的要求是：

- 体现撰写者的精心设计，紧扣文章主题；
- 与带货文案中隐藏的产品有某种关联性。

■ 2.1.3 攻心：情感诱导打动读者

心理学是个很宽泛的概念，涉及社会心理学、行为心理学、认知心理学等十几个分类，要一下子将其全部掌握，是非常不切实际的。不过知道几个最基本的理论，还是十分有用的。

攻心术主要是根据用户的心理，来制造各种能够打动读者的语言，让读者在富有感情的文章中得到某种精神上的慰藉。

例如，某家居设计类公众号在微信平台上发表的新媒体带货文案，就是采用的攻心术，如图 2-2 所示。

该文案内的产品主要受众是父母，带货文案的开头利用孩子的可爱，以及父母对孩子的怜爱之心，让消费者产生与孩子交流时的情景，进而打动消费者购买产品。

带货文案中的攻心术是特别有用的，因为攻心类的带货文案往往能够引起读者的情感共鸣，并很好地吸引读者的眼光，从而提高读者主动购买企业产品的概率。

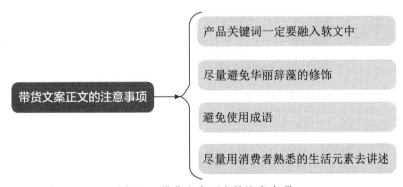

图 2-2　家居设计类公众号的带货文案

★2.1.4　关键词：融会贯通获曝光率

带货文案写作中，关键词是非常重要的。关键词的作用不仅仅体现在标题上，还表现在正文内容里。将带货文案加上关键词，能够让消费者在带货文案中与产品进行互动，这是一种非常巧妙的植入广告的手法。

带货文案能做营销活动，其重点在于其合理地应用了产品营销的关键词，通过通俗易懂的文字让消费者自然而然地接受文中的广告，没有关键词投放的带货文案是没有营销价值的。如果企业想要写出一篇成功的带货文案，就必须注意以下事项，如图 2-3 所示。

```
带货文案正文的注意事项 ──┬── 产品关键词一定要融入软文中
                         ├── 尽量避免华丽辞藻的修饰
                         ├── 避免使用成语
                         └── 尽量用消费者熟悉的生活元素去讲述
```

图 2-3　带货文案正文的注意事项

很多新媒体带货文案撰稿人刚开始可能会在带货文案上翻跟头，写出来的带货文案缺少曝光率，就自然得不到转化率。然后一部分的撰稿人会放弃带货文案的写作，另一部分的自媒体平台的撰稿人却在坚持，寻找带货文案的奥秘。

那些坚持下来并成功的撰稿人必然从产品关键词的设置上入手，通过合理的关键词设置来获得曝光率，才在带货文案方面取得不错的成就。要知道，带货文案的关键词不是盲目去设置的，撰稿人应该掌握技巧，做到知己知彼，方能百战不殆。接下来，笔者将为大家带来三点设置关键词的技巧。

1. 用户思维

带货文案写作者首先得从目标用户的角度去思考、去选词，需有积累用户的搜索关键词的习惯，将那些符合大部分用户搜索习惯的关键字放入带货文案中。

企业在进行带货文案关键词设置时，可以通过同类产品搜索的关键词来分析用户的搜索习惯。如要分析用户在寻找"智能"相关产品时的搜索习惯，可以在淘宝电商平台搜索栏搜索"智能"，其中有"智能手表""智能马桶""智能手机""智能手环""智能家居"等，都是关于"智能"的产品，从中可以分析出各自的搜索量，搜索量大的是用户需求量较大的产品，如图2-4所示。

图 2-4 "智能"相关产品的搜索

2. 知己知彼

企业在设置带货文案关键词之前，除了了解用户思维，还应该深入了解同类竞争品牌的关键词布局和情况，这样既能查缺补漏又能了解竞争对手，何乐而不为呢？这里笔者提供三种具体方法来熟悉竞争对手：查询、搜索和寻找。下面进行具体分析，如图2-5所示。

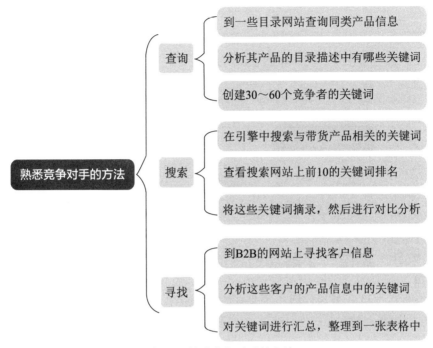

图 2-5　熟悉竞争对手的方法

3. 最终确定

在了解了用户思维，并熟知了竞争对手的关键词布局和情况之后，写作者就要开始确定自己的关键词了。可以按照以下步骤，挑选更合适的关键词。

（1）选择

带货文案关键字必须是与带货产品的企业品牌、产品本身或服务有关联的词语。如果写作者想提高带货文案的搜索率，那么首先就得选择适当的关键词。选择关键词的时候应该选取那些常被人们在搜索行业或产品时所用到的关键词。

（2）突显

选择好关键词之后，写作者需要统计并确定关键词的个数。做好这些之后，接下来要做的就是把关键词放在带货文案中最有价值的地方。

（3）挑选

除了知道如何选择关键词，还得学会挑选关键词，写作者可以将关键词都罗列出来，从中挑选出最合适的 4 ～ 8 个放入带货文案中。

（4）舍弃

写作者在挑选带货文案关键词的时候，一定要敢于舍弃一些关键词，要舍弃的关键词可分为三类，如图 2-6 所示。

舍弃的关键词类型
没用的
写错的关键字
夸张的
过于夸张的关键词
落后的
落后的关键词

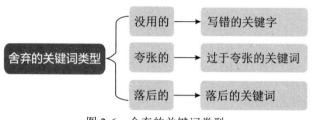

图 2-6　舍弃的关键词类型

2.1.5　定位：了解消费者的需求

在进行带货文案写作时，需要了解消费者的购买需求，只有了解了消费者的购买需求，明确目标客户的不同行为习惯，才能做出有针对性的营销方案，更好地吸引消费者的眼球。

一般消费者的需求可以分为四类：

（1）对产品价格的需求；

（2）对产品外观的需求；

（3）对产品质量的需求；

（4）对产品安全的需求。

2.1.6　互动：增强用户的黏性

我们除了要把握消费者的需求，还需要在新媒体带货文案中添加互动性。互动是写作者与用户交流的一个过程。光给用户推荐产品是不够的，还需要让用户参与到话题中来，这样才能为你的新媒体带货文案增加评论以及曝光率。

以下是一则具有互动性的带货文案案例，如图 2-7 所示。

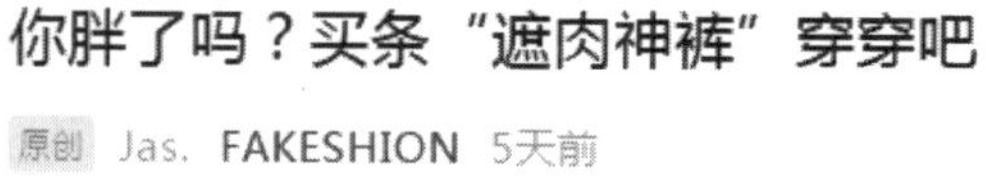

你胖了吗？买条“遮肉神裤”穿穿吧
原创 Jas. FAKESHION 5天前

图 2-7　舍弃的关键词类型

作者以"你胖了吗"作为标题，用疑问句的形式能够很好地调动消费者的互动积极性，激发消费者的表达欲望。可以从该带货文案的评论区看到，许多用户都在积极地回答开头的提问，如图2-8所示。

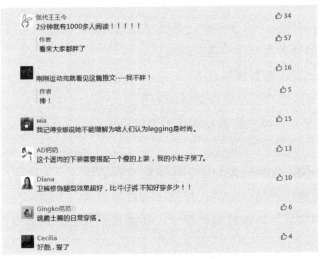

图 2-8　带货文案的评论区

2.2　抓住爆文的规律，激发消费者的购买欲

新媒体带货文案在网络营销中已成为不可或缺的一种营销方式。撰稿人要想写好一篇带货文案，就必须了解带货文案的类型。在本节中，笔者将为读者介绍几大通用的带货文案类型。

★2.2.1　表达情感型：满足心理上的需求

在带货文案中，情感的抒发和表达已经成为新时代的需要。一篇有情感价值的带货文案往往能够引起很多的共鸣，从而提高消费者对品牌的认同感、归属感和依赖感。情感消费是一种心理上的认同，是一种情感上的需求，因此也可以称之为感性消费。

情感消费要和消费者的情绪挂钩。一篇好的带货文案，主要是通过文字、图片的组合，打造出一篇动人的故事，然后通过故事调动读者的情绪，可以说，情感消费是一种基于个人主观想法的消费方式，这部分的消费人群，最关注自己两方面的需求：

● 精神世界的需求；

● 情感的需要。

因此，写情感类的带货文案，需要富有感染力，尽量达到以下要求：

（1）与消费者有同样的思想感情；

（2）能启发读者智慧与思考；

（3）具有能够产生激励读者感情的作用。

那么，情感该从哪些方面挖掘呢？笔者给出四个方面的建议，例如爱情、亲情、友情、其他情感需求。

爱情、亲情、友情是人们老生常谈的三种感情了，而第四种其他情感需求是指除了爱情、亲情、友情之外的所有情感因素。人的情感非常复杂，不论是满足人们的哪种情感或情绪表达，都能打动人心，走进消费者的内心，实现营销的目的。

例如，比较经典的"老公，烟戒不了，洗洗肺吧"就是表达情感类的带货文案的代表。通过妻子的循循劝导，利用妻子对丈夫的关心之情来打动读者，走进读者的内心，将广告自然而然地植入消费者的心中。

下面是两则情感类的带货文案欣赏，如图2-9所示。

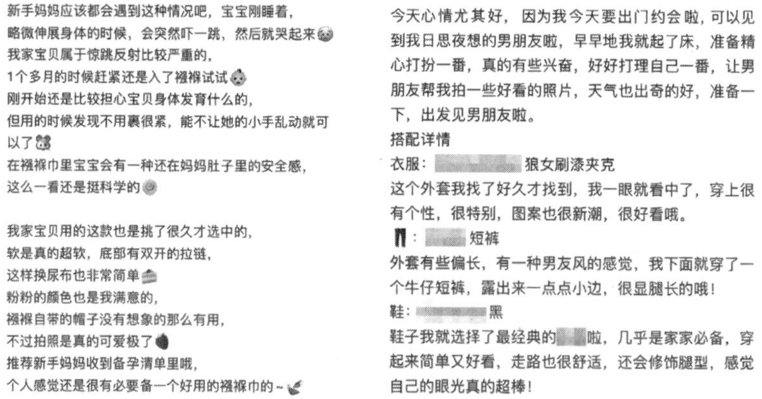

图2-9　情感类带货文案

以下是朱广权对米酒进行带货的文案，也是表达情感型的带货文案：

● "米酒特别娇气，发酵过度味道会重，发酵不够又不够甜。所以需要岁月，需要老师傅们的智慧和时间来精心地调配，让米酒越来越醇香。

所以，每个人拿到的米酒，都是岁月沉淀下来的精品。"

分析：运用拟人的手法，对米酒的酿造过程进行描述，并且融入了老师傅们的心血以及岁月的沉淀，勾起消费者的情感共鸣。

● "藕带和藕的关系是'长大后我就成了你'，吃小龙虾一定要配一沓藕带，没有藕带的夏天是不完整的。"

分析：利用了"长大后我就成了你"的句子，引发消费者对亲情的感触，进而促进了消费者的购买欲望。

★ 2.2.2　叙述故事型：拉近与用户的距离

故事类的带货文案是一种容易被用户接受的题材类型，一篇好的故事文案，很容易让读者印象深刻，拉近品牌与用户之间的距离。生动的故事容易让读者产生代入感，对故事中的情节和人物也会产生向往之情。写作者如果能写出一篇好的故事型软文，就会很容易找到潜在客户和提高企业信誉度。

对于写手来说，如何打造一篇完美的故事型带货文案呢？首先，需要确定的是产品的特色，将产品关键词提炼出来，然后将产品关键词放到故事线索中，贯穿全文，让读者读完之后印象深刻。同时，故事类带货文案写作最好满足以下两个要点，如图2-10所示。

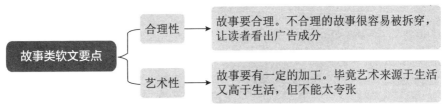

图2-10　故事类带货文案满足的要点

例如，微博上经典的《千万不要用猫设置手机解锁密码》的文案，就是典型的故事型带货文案，讲述了一个上班族用猫爪设置为手机指纹解锁的故事，但其实是一篇华为手机产品的带货文案。

⚙ 专家提醒

在进行故事型带货文案的撰写时，可以利用产品品牌的故事。一篇新媒体带货文案的目的是让消费者购买产品，并且了解该企业。因此，利用品牌故事，可以让带货文案更委婉、更具有说服力和人情味。

★ 2.2.3 制造悬疑型："卖关子"激发好奇心

所谓悬念，就是人们常说的"卖关子"。设置悬念是常用的一种写作手段。作者通过悬念的设置，激发读者丰富的想象和阅读兴趣，从而达到目的。

带货文案的悬念型布局方式，指的是在正文中的故事情节、人物命运进行到关键时设置疑团，不及时作答，而是在后面的情节发展中慢慢解开谜题，或是在描述某一奇怪现象时不急于说出产生这种现象的原因。这种方式能使读者产生急切的期盼心理。

也就是说，悬念型带货文案就是将悬念设置好，然后嵌入到情节发展中，让读者自己去猜测，去关注，等到吸引了受众的注意后，再将答案公布出来。制造悬念通常有三种常用方法，具体内容如图 2-11 所示。

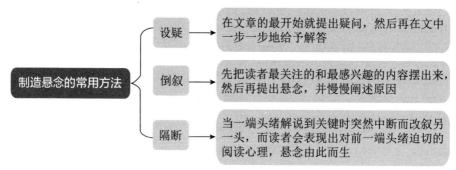

图 2-11　制造悬念的常用方法

想要写出一篇成功的悬疑型带货文案，可以采用以下常见的写作模式，如图 2-12 所示。

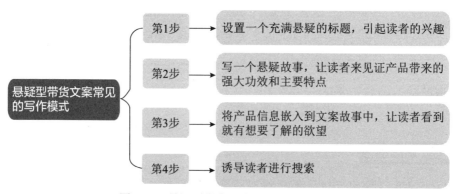

图 2-12　悬疑型带货文案常见的写作模式

专家提醒

悬疑型的带货文案要有分寸，问题和答案也要符合常识，不能让人一看就觉得很假，而且广告嵌入要自然，不要让人反感。

★ 2.2.4　促销活动型：直白的形式吸引注意

促销活动型带货文案其实是一种比较直白的推广方法，甚至是越直白越好，它是如今用得比较多的一种带货文案的方法。一般来说，促销活动型带货文案分为两种形式，如图 2-13 所示。

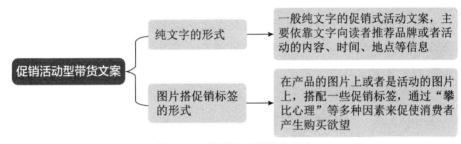

图 2-13　促销活动型带货文案

下面就来分别欣赏一下这两种形式的带货文案案例。

1. 纯文字的形式

首先来欣赏一篇经典的促销式带货文案，该文案来自新浪家居论坛的"有思想的陶瓷"发布的帖子《金意陶国庆献巨礼　亿万秒杀四重奏》。

金意陶国庆献巨礼　亿万秒杀四重奏

豪门生活，尊贵体验。致力做行业最好的仿古砖和做有思想的瓷砖，为客户创造最有思想和格调的空间是金意陶不变的理念。这几年金意陶品牌飞速发展，闯进世博、亚运场馆，荣获中国 500 强品牌。为了满足更多消费者更深层次的需求与答谢广大消费者的信任，本次活动，金意陶将拿出最好、最畅销的产品来做促销，真情回馈消费者。

秒杀惊爆心跳价

金意陶官方网将开辟网络促销服务专区，面向全国消费者"零渠道"厂家直销，世博、亚运场馆选用砖等最畅销的产品网上秒杀，亿万回馈，所有优惠均不设门槛，只需简单的操作，即可享受真正实惠和优质服务。秒杀时间为9月21日—10月1日，消费者通过不停刷新网页才能发现并抢到秒杀机会。秒杀成功后，将会收到金意陶官方确认短信，并在规定的时间兑现产品。为满足数亿消费者的疯狂秒杀，金意陶特别提供十台服务器恭候秒杀！

买十大空间送十大空间

金意陶向祖国献礼，隆重推出：古凤Ⅲ、凌质、超然境界、流金溢彩、圣安娜石、天籁、玉石天成、田园沐歌、森岩御品、超炫石等十大新品空间，凡购买十大空间，加610元即可获送同等面积常规品空间（除以上10个系列产品、花片腰线等配件、天地尚品、1200×600规格外可全场任选）。

尊享返现卡，优惠折上折

全场产品买3送1外，为贺金世博、亚运会场馆选用金意陶瓷砖，世博和亚运场馆选用的产品一律对折销售。另外，在9月4日—10月7日期间，到店抢购金意陶返现卡，在享受促销活动所有优惠之外，用返现卡再享相应折扣，多买多返，绝无仅有的返还力度！

【分析】

此活动带货文案，利用节日推出秒杀活动，并将全文清晰明了地分为4个小段落，每一个段落小标题都直接突显出了活动的主要内容以及促销力度，让读者可以快速地知道活动详情，只要符合需求，定能勾起他们的兴趣和购买欲望。

从上面案例可以分析，撰写促销活动型带货文案的方法共有四点，如图2-14所示。

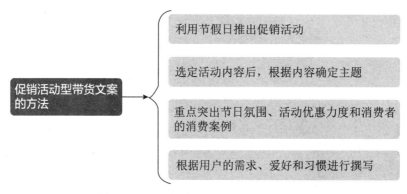

图2-14　撰写促销活动型带货文案的方法

除了撰写技巧之外，撰写促销活动型带货文案时还要注意两点，如图 2-15 所示。

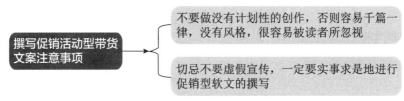

图 2-15　撰写促销活动型带货文案的注意事项

2. 图片搭促销标签的形式

图片搭促销标签的形式常常是通过图片来突出促销信息，下面来欣赏几篇图片搭促销标签的带货文案案例，如图 2-16 所示。

图 2-16　图片搭配促销标签形式的活动带货文案

⭐ 2.2.5　新闻报道型：形成二次传播来助力

新闻报道型带货文案是指通过模仿新闻媒体的口吻，进行带货文案的撰写，例如公司内的大事等，都可以通过新闻报道型的带货文案写出来进行发布。

在互联网时代，新闻报道型带货文案的主要特点是能够进行二次传播，也就是产品的带货文案发布出来后，很容易被其他的网站或者平台进行转载，这就是新闻报道型带货文案的二次传播特性。

新闻报道型带货文案有很多特点，使其一直备受欢迎，如图 2-17 所示。

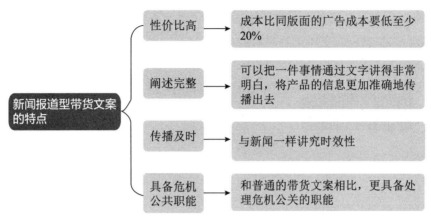

图 2-17 新闻报道型带货文案的特点

例如一篇标题为《商人在机场弄丢 68 万元天价手机 黄金机身镶钻石》的带货文案，如图 2-18 所示，采取的就是新闻报道型的标题形式，同时利用了极大的数字，吸引用户的点击。整篇文章讲述了丢手机以及找回的全过程，并详细地描述了手机的特征、品牌以及价格昂贵的原因，引发了消费者对该产品的兴趣。

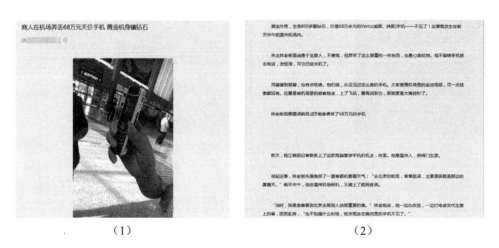

图 2-18 新闻报道型带货文案

⭐ 2.2.6 权威科普型：让用户产生信赖

在现代社会中，由于大众对某些行业领域专业知识的缺乏，因此就需要权威专家来为人们讲述某些重要的相关知识。权威科普型的带货文案用得最多的是在医疗领域，因为医生、医师拥有许多人们不具备的医学知识，因此民众大多十分信任他们。

下面来欣赏一则护肤品方面的带货文案节选，该文案由公众号女神进化论撰写的《你以为的抗糖化，可能是误入歧途》，该带货文案发布在其公众号平台。下面让我们一起来欣赏一下，如图2-19所示。

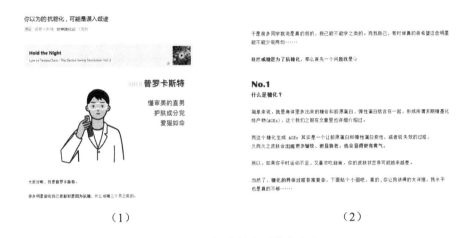

（1）　　　　　　　　　　　　　　　（2）

图2-19　权威科普型带货文案

首先，我们来看这篇带货文案的标题。标题以用户观点为切入点，采用否定的态度进行介绍，可以在很大程度上吸引读者的注意力。

这篇带货文案的正文先摆明了其他人的观点，并没有任何的累赘，直接点出读者最关心的内容。以动脉粥样硬化这种疾病的症状来开篇，如果读者也有这样的症状，肯定会急切地想看下去；如果读者没有这样的症状，可能也会因为看到了这种疾病的症状之后，想知道有没有什么预防的方法。

因为该篇带货文案是从医学的角度撰写，因此其专业性很强，很容易得到用户的信赖，再加上文章中采用"大量研究表明"的字样来阐述某一个观点，更增加了可信度，让文章更有权威性。

在文章的整体结构方面，也是有技巧的。文章完全抓住了读者的心思，由上而下一层层地深入，一点点地吸引读者的注意力，这样不仅发挥医疗带货文案的特性，还与其他企业的带货文案区别开来，形成自己的特点。

★2.2.7　经验分享型：将广告以成功案例形式植入

实战分享型是比较受欢迎的一种带货文案类型，主要就是撰稿人以消费者的口吻写，采取消费者视角，自然地将经验引入，从而让读者逐渐接受，得到读者认同的一种带货文案类型。

下面来欣赏一篇实战分享型的带货文案。该带货文案转载自中国电子商务研究中心的《优化宝贝详情页 让宝贝热卖》，主要的内容为淘宝店的老手传授如何打造优化宝贝详情页，然后在展示案例中，为自己的淘宝店做宣传。

优化宝贝详情页 让宝贝热卖

一个好的淘宝宝贝详情怎么写，能决定这个宝贝是否能顺利成交。虽然宝贝图片是吸引客户的根本，但是淘宝宝贝详情则能提升客户的购买欲，所以成功的宝贝详情不能缺少。更何况面对越来越挑剔的淘宝买家，你只有在细节上下足功夫，才能吸引买家的注意力，这个细节最重要的莫过于宝贝详情页了。那么，女装的宝贝详请应该怎么做呢？首先请随小编来看看经过对买家的调研，他们所希望看到的宝贝详情结构。

一、店铺活动

店铺活动可以是促销活动的通告或预告、新款上线的通告或预告、主推款式的海报。通过这个部分，你不仅可以在买家一打开店铺详情的时候就了解你的店铺有什么促销，促成之后成交的可能，也可以吸引买家的眼球，让买家看完这个宝贝详情后，再进入你的店铺浏览。

二、尺码描述

详细的尺码描述对促成最终的成交非常关键。尺码描述最好用表格或者固定的格式来展现，这样更加便于供买家阅读。如果使用了模特的话，要给出模特身高、体重、三围信息作为顾客的参考。

同时，你可以在尺码描述的部分加上不同身材的顾客(也可以使用店员，但是买家的感觉更加有说服力)的试穿体验，这样会给顾客更加亲切和可信赖的感觉，同时也能让买家参考挑选适合自己的尺码。

三、模特图

模特图特指有真人穿着的室内图片或者外拍图片，主要应注意的是让模特符合品牌的定位。

模特图要呈现正面、背面和侧面的上身效果（每张图片都增加不同信息含量来表现服装）；若有多个颜色，以主推颜色为主，其他颜色为辅，少量展示；排版宽度一致（可以采用拼贴），减少无意义留白；通过模特图可以很好地进行搭配销售，让一件衣服的成交带动另一条裙子或者裤子甚至配件的成交。

　　如果店铺还没有实力聘请符合店铺品牌定位的模特进行拍摄，可以不必显示模特的头部，这样也更能给买家提供自己穿上衣服的想象空间。

四、产品图

　　淘宝上比较主流的产品展示图片（不包括模特图）主要有三种：平铺图、悬挂图、人模图。需要注意的是，无论采用哪种方式拍摄，都要展示产品正面和背面的清晰图片。

　　平铺图是目前来说效果比较好的一种产品展现方式，能够展现产品的褶皱和随意感，同时搭配一些饰品，营造出真人穿着的情景。

　　对于这三种展示方式，背景、光线都十分重要，需要选择颜色比较柔和的背景（如粉色、米黄等），才能突出衣服，同时突显衣服的档次。背景上可以搭配一些比较可爱的小装饰品，降低整个画面的单调感。服装的正、背面都要展示。

　　值得注意的是，无论选择挂拍还是平铺，店铺的风格都需要统一，这样更加容易给顾客专业的感觉，也会提高买家的店铺忠诚度，提高您的熟客率。同时，在产品图旁边，需要有一些对产品的说明，包括材质、版型、弹力、柔软程度等，使用可视化图标可以节省买家了解产品的时间，同时提高信息的传达效率。

五、细节图

　　首先，女装细节图一定要使用微距拍摄，掌柜千万不要在一张大图里面截出一部分当作细节图。对于女装来说，细节图包括以下内容：款式设计细节、做工细节、材质纹理细节、辅料细节等。

- 款式细节：特别的设计要素，如领口、袖口、裙摆、褶皱、腰带等。
- 做工细节：走线、内衬拷边、里料等。
- 面料细节：微距拍摄面料、颜色、面料纹路、面料花纹等。
- 辅料细节：拉链、纽扣、钉珠、蕾丝等。

　　不限于以上内容，卖家可根据商品本身的卖点和优势进行细节展示，并且搭配简要的文字说明，让买家更加了解你的产品特点。

六、相关推荐＆店铺其他说明

　　如果顾客不喜欢刚看过的宝贝，相关推荐（关联营销）是掌柜留住这个顾客的另一个机会。如果掌柜有精力的话，每个宝贝详情底部的相关推荐要有所不同，建议考虑到每个宝贝的特征，使用和其比较相近的其他宝贝或可以和这个宝贝搭配的单品进行相关推荐；如果掌柜精力有限，建议使用店内的热销宝贝或者你希望打造成为热销宝贝的商品进行关联推荐。关联营销推荐的宝贝不要太多，一般是 4 ~ 8 个。

相关推荐的下方，掌柜可以添加物流、退换货（对信用等级不是很高的店铺尤其重要）和导购信息，其他店铺信息的言简意赅的文字信息（如体现专业性的厂房、精美的包装），让买家购买得更加放心。

相信掌柜在宝贝详情上添加了以上六项内容以后，会发现宝贝详情内容很丰富，也很长，图片很多。掌柜在图片数方面要把握一个度，图片太少，不能向买家充分展示产品的特点；图片太多，网页加载的速度过慢，也容易造成买家的流失。所以掌柜只需要放能表现商品特点、有利于成交的图片。

【分析】

本篇经验分享带货文案就是通过分享宝贝详情页的打造和优化方法，来吸引读者的眼球，商家可以将自己的店铺通过成功案例的形式以图片插在文字当中。读者看到以展示案例而插入的店铺广告时，第一反应就是去淘宝搜索一下，看看人家是怎么做的，这样就给淘宝店铺增加了点击率，甚至有可能将读者转化为消费者，这是一种比较高明的广告植入方法。

★ 2.2.8　数字呈现型：数字也是实力的一种证明

数字呈现型的带货文案是一种非常吸引眼球的带货文案形式，在一大段密密麻麻的文字中，阿拉伯数字因其简洁的构造瞬间能够吸引住人们的目光。

近年来，数字类的带货文案也是越来越流行，各种各样的数字包围着人们的生活。因此，写作者可以抓住这一特色，将和营销内容有关的数字直接放入带货文案中，或许会获得意想不到的效果。

下面就来欣赏一则数字呈现型的带货文案——《实力证明一切：昆山淡季热销楼盘大盘点！》该带货文案来源于新浪乐居网站。一起来欣赏一下吧。

实力证明一切：昆山淡季热销楼盘大盘点！

新浪乐居讯（编辑 胡江涛）据新浪乐居官方统计显示，11 月第 3 周昆山楼市商住总计成交 1137 套，环比 11 月第二周 1311 套下滑近 15%，接近年底，楼市的淡季效应已现。不过，即使在这样的楼市淡季，昆山许多楼盘仍脱颖而出，以不俗的销售成绩做到了淡季不淡。小编探访了几家这样的楼盘，单看售楼处这么多来看房的购房者，就足以表明它们对购房者强大的吸引力了。其实，没有哪一家楼盘只靠市场来卖房子，最终还是实力决定一切啊。

新城郡尚海

已于 11 月 14 日开始认筹 1 号楼高层房源，总高 32 层，两梯四户，面积 89 ~ 117 平方米，价格待定，认筹金 5000 元，认筹后将获得每日 300 元收益。另外，在售少量 2#、3#、6#、9# 楼小高层房源，户型面积为 89 ~ 117 平方米，均价约 11000 元 / 平方米，购房享 3 万抵 6 万优惠。

新城郡尚海位于绿地乐和城、易买得等商业区正对面，紧邻花桥中央商务区，360° 繁华汇聚，购遍国际大牌的时尚专区。项目地块环水宜居，且坐拥花溪、黄墅 江双生态公园。80 ~ 120 平方米洋房，20 万方社区，把亚洲元素植入现代建筑语系，将传统意境和现代风格对称运用，用现代设计来隐喻中国的传统。

万科 MixTown

万科 MixTown 地处花桥板块，与上海直线距离近，交通便利，有班车、轨道交通等，通勤时间短。健康宜居：清静、水土好、空气好，环境好，生活成本低。万科百万方社区，自有齐全配套。其升级版装修小户型，总价低，功能强，品质优，让你轻松置业。

中星城际广场

在售 2# 楼带装修房源，面积 180 ~ 223 平方米，目前剩余 10 套左右的房源，均价约为 14000 元 / 平方米，购房可享团购交 7 万享 7 折优惠，年内无加推房源计划，详情请咨询售楼处。

中星城际广场位于昆山城南板块中华园商务区，南靠昆山高铁南站，东邻柏庐公园，中星城际广场占地 99430 平方米，建筑面积达到 342826.62 平方米，容积率 2.8，绿化率约为 37%。

世茂东外滩

目前在售 18 号楼高层景观楼王，2 梯 2 户，还剩 30 多套，目前仅剩 164 平方米房源，均价约 7600 元 / 平方米，世茂东外滩携手昆山新浪乐居 3 万享 6 万优惠火热进行中，预计 2016 年 6 月 30 日交房。一期房源已于 4 月底交房。

世茂东外滩沿街商铺将于明年加推，面积为 90 ~ 202 平方米，具体待定。详情请咨询售楼处。

世茂昆山 8 年的登峰力作，40 万方海派西班牙社区，地处昆山金融街核心区，紧邻160万方夏驾河公园，30万方世茂广场、大润发超市、轨交S1线（规划）就在你的家门口。

数字呈现型带货文案，一直广受读者的喜爱，究其原因就在于文案内包含的信息极多，读者往往只阅读一篇文案，就可以获得大量的信息。

本篇就是典型的房地产中的数字呈现型带货文案，撰写者将可供选择的楼盘、每个楼盘相关的信息，通过大量数字呈现的形式，放在带货文案中，让读者可以一眼就看到最重要的信息，进行更加明确的选择。

🎯 专家提醒

撰写数字呈现型带货文案时，需要注意的是，带货文案中所出现的数字需要准确，其内容须是真实的、有依据的，不能凭空捏造，采用的时候还需要与原始资料反复核对，才会避免出现不必要的错误。

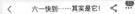

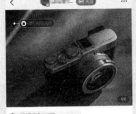

/ 第 / 3 / 章 /

营销推广：激发消费者的购买欲

什么文案属于一篇优质的带货文案呢？在利用文案带货时，写作者可以从四个方面进行准备。俗话说，细节决定成败，那么这些细节在哪儿呢？本章将为大家讲述决定和影响文案是否带货成功的小细节，从三个大点、十五个小点出发，帮助写作者打造高收入的爆款带货文案。

3.1 引爆技巧：达到事半功倍的营销效果

互联网时代，带货文案渐渐成为一种趋势，想要做好带货文案，还要懂得一些规律或者要素。在本章中，笔者将为读者介绍带货文案的一些重要规律和要素。

★3.1.1 调研：知己知彼，百战不殆

调研的重要性不言而喻。有句俗话说得好："没有调查就没有发言权。"如果想让软文一字千金的同时妙笔生花，调研是必不可少的。下面，笔者将从调研的方向和调研的人群进行阐述。

1. 调研方向

调研分为内部调研和外部调研。

（1）内部调研

内部调研包括调查带货产品的企业：公司或企业的创建历史、经营范围、商业模式、企业资质、荣誉、业绩、企业构架以及领导人资历、公司管理模式和办公环境、生产环境。另外，还有企业员工的工作以及生活状态等。

内部调研时，企业经营实力分析是相当重要的，主要需要进行四个方面的分析：产品竞争能力、技术开发能力、企业生产能力、市场营销能力。

（2）外部调研

外部调研是全面了解这个产品行业的必要手段。知己知彼，百战不殆。在这个市场竞争激烈的时代，了解市场环境、竞争对手，才有可能在激烈竞争的市场中占据一席之地。

外部调研的根本目标是掌握同类竞争品牌的一切动态，从中发现竞争对手的优缺点，帮助品牌制定恰当的应对措施，扩大市场份额。调研主要包括四个方面，如图 3-1 所示。

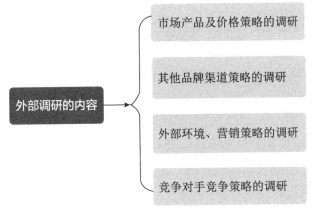

图 3-1　外部调研的内容

外部调研的主要目的有两点：一是回避对手的优势，二是从中学习经验，如图 3-2 所示。

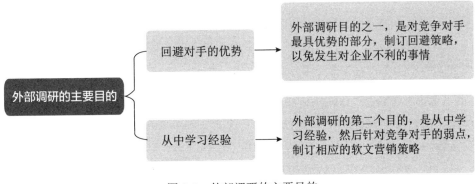

图 3-2　外部调研的主要目的

2.调研人群

在进行软文营销之前，企业要对不同的人群进行调研。这里的不同人群，主要指三类人。

（1）企业内部人员

企业内部人员，包括企业经营负责人、企业创始人、企业主要部门负责人、企业员工。

（2）企业合作伙伴

企业合作伙伴，包括企业的客户、供应商和经销商等。

（3）第三方人员

第三方人员主要包括四类：行业内的竞争对手、行业协会人士、监管机构人士、普通消费者。

⭐ 3.1.2 热点：与文案结合吸眼球

带货文案要想抓住消费者的眼球，就需要让消费者看到感兴趣的东西。当然，撰写者不可能知道所有人的兴趣，因此，可以利用热点，例如时事热点、热播电视剧、热播综艺节目等，就算不是所有人在关注，也是大部分人关注的。同时，一个有吸引力的标题也是非常重要的。前面就讲到过标题的重要性和拟标题技巧。

一篇带货文案标题的重要性就犹如企业的 LOGO，是整篇带货文案的核心。它的好坏直接影响带货文案的成败。将热点和软文标题相结合，直接把热点内容嵌入到带货文案标题中，能够对消费者产生更大的吸引力。

节日也可以作为热点。在带货文案中添加节日，也属于与热点结合的文案。图 3-3 所示为某产品节假日的带货文案。

图 3-3　某产品节假日的带货文案

该篇带货文案就是将产品与节日相结合的产物。首先，看文章的标题。标题直接指出即将到来的节假日，以引起消费者的注意。接着，在正文中，从家长的困惑出发，慢慢引出产品——儿童积木。

⭐ 3.1.3　排版：高质量软文的技巧

带货文案如果不注意排版，那一定不会让读者有好的阅读体验，因此软文排版时要十分注意，可以用严谨的态度、有条不紊的思路和专业的排版技术来提高软文质量。文案的排版可以从以下几点出发，如图3-4所示。

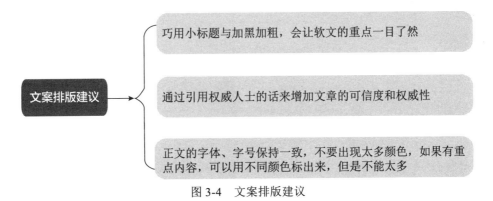

图 3-4　文案排版建议

此外，每篇带货文案的排版风格会根据写作者的不同而有所差别，因为主要依照的是产品类型和用户喜好。

⭐ 3.1.4　平台：借助渠道努力扩展

新媒体带货文案发布平台的出现，给不少进军互联网的企业带来了新气象，更为个人宣传指出了一条明路。每个带货文案发布的平台都具有各自的特点，下面笔者将带大家了解新媒体带货文案的发布平台。

1. 优势

新媒体带货文案发布平台的优势很明显，主要有以下三点：提高文案的曝光率、提高产品的关键字排名、快速提高品牌的效益。

> ◎ 专家提醒
>
> 优秀的带货文案发布平台，能够吸引全国知名新闻、娱乐等媒体的目光。

2. 常见平台

适合发布带货文案的平台有哪些呢？下面就一起来看看吧。

（1）微信公众号

微信公众号是非常适合自媒体人发布带货文案的平台，因为微信的用户基数大，公众号的点击量高，并且是人们最常使用的社交软件之一。自媒体人将带货文案发布在公众号中，能起到很好的带货作用。图3-5所示为一些发布文案带货的公众号以及热门的带货文案。

图3-5　文案带货的公众号以及文章

（2）新浪微博

新浪微博是常见的博客类平台，拥有大量的用户和巨大的流量。因此，对于新媒体来说，非常适合发布带货文案。图3-6所示为一些发布带货文案的自媒体用户。图3-7所示为文案带货案例。

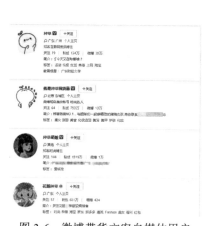

图3-6　微博带货文案自媒体用户

图3-7　文案带货案例

（3）朋友圈

朋友圈相对于微博更具私密性，主要面向列表中的好友。在朋友圈进行带货，属于个人的私域流量经营。图 3-8 所示为朋友圈带货文案展示。

图 3-8　朋友圈的带货文案展示

（4）淘宝

淘宝作为最大的电商平台，非常适合店家发布带货文案。图 3-9 所示为淘宝平台的带货文案展示。

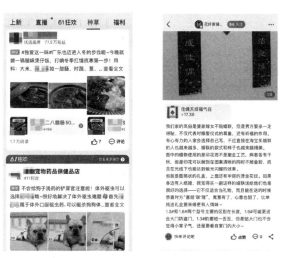

图 3-9　淘宝平台的带货文案展示

淘宝平台之所以能够成为带货文案推广的常用平台，除了其强大的推广营销效果外，更重要的是因为其具备以下三大推广优势，如图 3-10 所示。

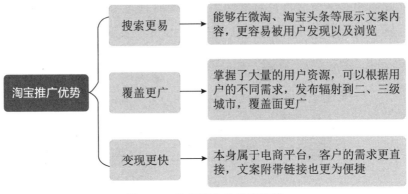

图 3-10　淘宝平台的推广优势

3.2　盘点要素：几点让带货文案成为爆文

带货文案需要推广，若不推广出去，产品的价值转化将不会成功。本章将讲解文案带货推广的三个必不可少的技巧，希望大家能掌握好带货文案的推广。

★ 3.2.1　准备：磨刀不误砍柴工

在进行推广之前，进行带货的文案必须是经过多次修改、优化所确定下来的，也就是前期准备要充足，那么前期准备中有注意哪些事项呢？如图 3-11 所示。

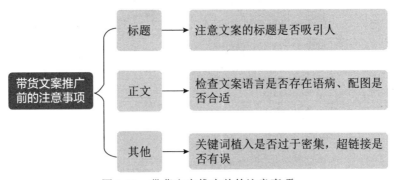

图 3-11　带货文案推广前的注意事项

除了以上这些注意事项之外，还需要注意推广的产品、品牌或者活动等目标是否成功地插入到软文中。如果不是研究性的软文，软文的字数最好控制在1000字以内比较好，因为这样消费者才会有耐心读下去，从而达到推广的效果。

⭐ 3.2.2　链接：引导客户进行购物

链接的添加可以加强和促进文案中带货产品的转化率，因此链接的作用是至关重要的。写作者在带货文案中，通常会提示产品购买的链接，例如淘宝微淘带货文案中图片下方附上产品的链接，如图3-12所示。

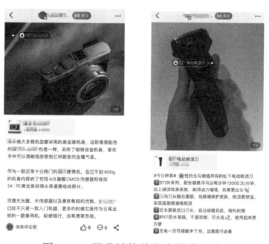

图3-12　附带链接的淘宝带货文案

此外，在朋友圈中也常会见到附带链接的带货文案，如图3-13所示。

图3-13　附带链接的微信朋友圈带货文案

⭐ 3.2.3　发布：让搜索引擎收录

前文讲述了发布平台的一些基本信息，本节将着重讲解一下如何发布带货文案才能既让搜索引擎收录，又能提高用户的体验。我们应主要注意三点，如图 3-14 所示。

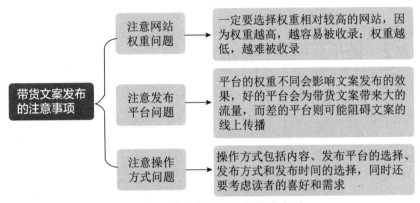

图 3-14　带货文案发布的注意事项

⭐ 3.2.4　推送：把握黄金时段

在进行带货文案推广时，应选择转载率最高的时间段进行发布。不同的平台有着不同的黄金发布时间段，下面笔者以微信朋友圈的带货文案的发布时间为例进行说明。

- 早上 8 点到 9 点：新的一天开始，人们的大脑得到了充足的休息，对信息的需求量也相对要大，这是企业推送信息的黄金时段。
- 中午 11 点半到 12 点半：这段时间大家一般进入吃饭、午休的阶段，玩手机看微信的概率大大增加，发布者可以把握这个时间进行信息推送。
- 晚上 20 点到 21 点：这个时间进入晚上的黄金时段，工作一天，大家进入放松的时刻，通常是在看电视或者散步，比较容易接受广告推送。

⭐ 3.2.5　平台：选择合适的渠道推送

不同平台的选择，产生的带货效果也不同，并且每个平台都具有各自的用户特色，因此发布者在推送时应该多方面分析，选择合适的渠道进行发布。

每个发布平台都有其规则，只有按照规则进行文案写作，才能实现产品的高转化率。如，利用直播的方式带货，那么其文案需要尽可能朗朗上口，保证吸引用户的眼球。另外，带货文案的语言需要通俗易懂，让人一看就明白。

如果带货文案属于知识"干货"型，那么知乎是一个很好的发布平台；如果带货文案的词汇比较时尚且娱乐性较强，那么新浪微博是个很好的发布平台。

 3.3 把握心理：让文案内容营销更引人入胜

虽然说标题是消费者对带货文案的第一印象，但在实际的带货文案写作中，撰写者在进行拟定标题时，首先需要确定文案的正文内容。软文的带货文案写得好坏，同样决定着带货文案营销结果的成功与否。

★3.3.1 痛点+文案=激发购买欲

带货文案必须要有痛点，如果找不到消费者的消费痛点，那么很遗憾，结果就只会有一个——隔靴搔痒，永远没有办法让消费者产生购买欲望。

什么是痛点？痛点，就是消费者某方面因没有得到满足或没有达到原本的期望而引发的一种负面情绪，也可以说是消费者对产品或服务的期望与现实不符而形成的一种心理落差。带货文案要抓住消费者的痛点，通过"痛点"来激发消费者的消费欲望，其主要流程如下所述。

第一步：首先给消费者制造出一个愉悦的兴奋点。

第二步：再给消费者制造一个"痛点"，让消费者产生不买就会后悔等情绪。

第三步：通过心理落差的对比，激发出消费者的购买欲望，从而实现企业软文营销的目的。

痛点是一个长期挖掘的过程，但是企业在寻找痛点的过程中，必须要注意三点：

（1）对带货产品和服务充分了解；

（2）对竞争对手的产品以及服务充分了解；

（3）对消费者购买心理有充分的解读。

在把握好这三点之后就能做出差异化产品定位，通过细分市场来寻找痛点以及满足消费者的需求。

那么在带货文案中，消费者的主要痛点有哪些呢？笔者将其归纳为六点：安全感、价值感、自我满足感、亲情和爱情、支配感、归属感。

⭐ 3.3.2 情景+文案=推动购买欲

带货文案并不只是将文字堆砌起来就完事了，而是需要用吸引人的文字拼凑成一篇带有画面感的文章，让消费者能边读文字，边想象出一个与生活息息相关的场景，才能更好地勾起消费者继续阅读的兴趣。

简单点说，就是把产品的功能用文字体现出来，不是告诉消费者这是一个什么产品，而是要告诉消费者这个产品是用来干什么的。

在我们的生活中，就有很多情景式的文案广告，例如下面这两个：

● "怕上火，喝王老吉"；
● "今年过节不收礼，收礼只收脑白金"。

首先，我们来看王老吉的广告文案——"怕上火，喝王老吉"，从这句话中，我们可以看到，王老吉并不是在告诉消费者"我是一个什么产品"，而是在告诉消费者"上火的时候，记得要喝王老吉"，这就是一个典型的情景式文案。消费者看到后就会联想到某个画面，譬如吃火锅的时候，热火朝天的氛围中，桌子上摆着一瓶王老吉，用来消火的。

再看看脑白金的广告词——"今年过节不收礼，收礼只收脑白金"。从这句广告文案中，可以明显看出脑白金可以用来送礼。尽管这个广告本身没有太多技术含量，可是脑白金还是非常深入人心。

因此，情景式的带货文案能够推动消费者的购买欲望，一般写作者在撰写带货文案场景时，可以从两方面出发，如图3-15所示。

图3-15　撰写情景式带货文案的角度

⭐3.3.3　图片+文案=增加说服力

采用图文结合的方式，会比纯文字的文案更吸引人，因为图片比文字更加醒目，承载的信息量也更大，更能够从视觉上吸引消费者的目光。下面来欣赏一篇移动端的软文。该文案采用了大量的图片，再加上颇具喜感的文字，瞬间让消费者觉得耳目一新，读起来不显乏味，如图3-16所示。

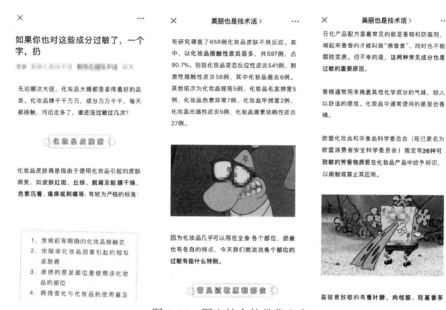

图3-16　图文结合的带货文案

图片可以是产品图，也可以是一些有趣的图片，还可以是一些美丽的风景图。撰写者可以根据软文的类型来选择图片的类型，将图片与文案搭配在一起，不仅可以增添彼此的趣味性，还能减少消费者的阅读疲劳感；同时搭配与文案有关的图片，更能够提高文案的说服力。

⭐3.3.4　话题+文案=提升吸引力

话题类带货文案是很多网络推广人员以及策划人士都很喜欢用的一种形式。如果可以成功制造一个拥有吸引力的话题并且拓展成带货文案，那么这篇带货文案无疑会取得相当大的成功。

下面来欣赏一篇话题类的带货文案，如图3-17所示。

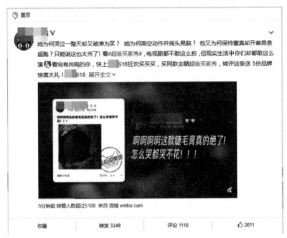

图 3-17　话题类带货文案

【分析】

本篇带货文案的话题叫作"超级买家秀"。这个话题对于有过网购经历的用户来说，拥有着相当大的价值和吸引力。若能引发众多网友的热议，那么带货文案的二次转发也就变得十分容易了。

文案的开头采用疑问句的表达句式，勾起用户的好奇心，引导用户点击视频，同时也引出了该篇带货文案的主题——"买家秀"。文案中的每个疑问，在视频中都能找到答案，如图 3-18 所示。

图 3-18　观看视频即可解答文案提问

因此，将话题和带货文案结合起来，更能够引起目标群体的关注，收获不一般的效果，文案撰写者可以将这个方法巧妙地运用起来。

⭐ 3.3.5　卖点+文案=提高销售量

如今是一个自媒体盛行的时代，同时也是一个碎片化阅读，要爱就要大声说、要卖就要大声卖的年代。因此，一个文案写作者必须具有互联网思维。

做文案带货，如果没有在适时情景下推出产品购买方式以及渠道的话，这篇文案将是一篇失败的带货文案。因为，文案不是美文，不是小说，不是论坛上无所谓的八卦，带货文案的作用就是销售产品。所以，如何激发消费者的购买冲动，才是带货文案写作唯一的出路。

下面就来看看一个知名儿童教育专家罗静博士在自媒体上的带货文案——《2000个最贴心的育儿年货，给最爱的宝贝》。该带货文案属于罗静博士的微信公众号原创文章。

2000个最贴心的育儿年货，给最爱的宝贝

2000个"爱的书包"火热抢购进入倒计时，还剩2天！

与其说是卖货，不如说是送育儿利器。我们的老朋友罗静博士带领"静观育儿"团队，为父母们特制了"爱的书包"，收有针对孩子教养重点筛选出的系列优秀绘本，包括促进亲子互动与沟通的独家手偶组合，当然罗静博士的新书也随此次"爱的书包"同步发售！新书中涵盖了最常见的育儿问题，并通过大量真实案例进行了深入浅出的解读，可谓一书在手，育儿不愁！

我们并非专业卖货的，只是希望春节来临之际，用这种实惠的方式为父母育儿带去些许帮助，献上一份最实用的育儿年货。

书包数量有限，成本价销售。所以，有育儿困惑的新手爸妈，以及希望给宝贝们送一份贴心新年礼物的父母们有福啦！

"爱的书包"内容1

《陪伴是最好的教养》——我的新书，你们的故事

我们的微信公众号开办一年多来，共发表了300多篇原创文章。从儿童成长到夫妻关系，从绘本推荐到亲子游戏，从具体的育儿案例到系统的育儿方法……为父母们提供了全面、系统的育儿知识。而为了方便父母们在更清晰的知识体系导引下阅读，并更快查找所需，罗静带着静观团队精挑细选了50多篇精华文章，重新编辑，结集出版了《陪伴是最好的教养》一书。

……

"爱的书包"内容3《积木宝贝认知口袋书》+积木宝贝手偶

——最好的时光，是和爸爸妈妈在一起

此组合是罗静老师通过自己的育儿实践摸索出来的育儿利器。下面是罗静老师关于此"育儿利器"的介绍：

"因为我工作的原因，我家开心对积木宝贝的3个吉祥物很是熟悉。借着这份特别的感情，我常常会拿积木宝贝吉祥物的手偶，同她做些互动的游戏，多是角色扮演，全程都是我定下一个主题，然后俩人自由发挥。我和开心都很享受这种有意思的互动。

……

除了上述产品，"爱的书包"中还含有以下内容。

"爱的书包"内容4：积木宝贝身高尺

该尺子可移动，可收藏，用的都是柔软的安全材料，可卷可挂，还是一个不错的玩具哦。

很有爱的是，积木宝贝身高尺上设计有保存文字记录的地方。父母可以记下孩子每一年的身高数，也可以记下孩子成长中最有纪念意义的事。

所以，这小小身高尺，对孩子来说，可算是一份独特的童年记忆。给孩子一份可以移动和收藏的成长记录吧，很美好，不是吗？

提示：身高尺有聪聪版、灵灵版和壮壮版，都很好看，版本会随机发放哦。

"爱的书包"内容5：爱的书包

这书包的由来，还有个插曲。一般来说，产品包装都用纸质，尤其是显得高大上的精美纸盒包装，看起来特别美。可是临做决定的时候，静观育儿团队一帮妈妈们那颗主妇的心起了决定性作用：纸盒一般都是一次性的，包装再美，实际用处不大，如果换成一个妈咪包不是更实惠吗？平时带孩子出去玩，也完全派得上用场。

于是，秉着实用、美观、大方的标准，"静观育儿"特意定制了这个爱的书包。颜色分两种，下单之时，没特别要求的话，会随机发放、邮寄。

最后，前1000名购买者，均能获得以下赠品：

×××24H保湿滋润护手霜（60g）+×××宝宝温和嘎嘎液体爽身粉（100ml）。

手霜的确好用，亲试，在用，放心。爽身粉亦可备着。毕竟冬天来了，夏天还会远吗？

【分析】

这篇带货文案最大的亮点就是全文都是围绕产品进行写作的，主要利用儿童教育专家的背景与其自媒体的影响力。如果不是之前这位儿童教育专家做过大量精心的研究与写作分享，具有严谨而富有爱心的专业水准，以及相应的儿童教育类网站推广，其营销就很难有好的效果。

带货文案的关键点切入便是产品的卖点，包括购买赠送、数量有限、书籍内容对家庭育儿的帮助等。该文案将产品的卖点展现得淋漓尽致，为父母下单提供了诸多充足的理由，父母又怎能不心动呢？

⭐ 3.3.6 口碑+文案=扩大传播效率

口碑营销，顾名思义就是一种基于企业品牌、产品信息在目标群体中建立口碑，从而形成"辐射状"扩散的营销方式。在互联网时代，口碑更多是指企业、产品在网络上给消费者的口碑印象。

口碑自古以来乃是口口相传，它的重要性不言而喻。就如小米，其超高的性价比造就了其高层次的口碑形象，让企业品牌在消费者中快速传播开来。如今有不少的企业想要将口碑与带货文案营销相结合，进一步打造企业的口碑。想要通过文案来打造一个好口碑，那就需要做到以下几点。

1. 杜绝虚假宣传

撰写者在借助口碑进行带货时，绝对要杜绝虚假宣传的情况发生。虚假宣传的做法虽然能在短期内获得不少的注意力，但是总会有东窗事发的时候。当消费者发现挂羊头卖狗肉的情况后，就会带着谩骂、失望离企业而去，这就会大大损害企业的品牌信誉度，口碑营销就无法成功。

2. 从新奇角度出发

对于新奇而有趣的事，人们往往会更愿意去关注和分享。文案带货也是如此，一篇有趣的带货文案总会引起用户的好奇，引发用户传播，所以文案撰写者在策划用口碑的方式进行带货时，可以从新奇的角度出发。

3. 触动人们的心弦

不管是哪一种类型的消费者，都会有一根敏感的心弦，只要撰写者用文案触动到了人们的心弦，产生共鸣，就能拉近与他们的距离，自然而然地形成口碑效应。

4. 利益冲击

消费者最关心的就是自己的利益，如果文案撰写者能够以消费者利益为出发点，让消费者能从带货文案中感受到自己能受益，那么自然就会受到消费者的拥戴，口碑传播也就自然而然地形成了。

带货平台篇

/第/4/章/

公众号带货：文案带来巨大的流量

一篇公众号爆文是如何炼成的呢？在本章中，笔者将从两个角度对公众号的带货文案进行讲解，分别为：文案的创作流程、文案的创作技巧。此外，笔者还为大家讲解五个公众号文案带货的案例，帮助想要进行公众号文案带货的创作者轻松写出爆款带货文案。

4.1 创作流程：一篇公众号爆文是如何炼成的

要想写出一篇优质的公众号带货文案，都会经过四个步骤：第一步就是选题，即选择文章的题材；第二步是行文，即进行文案的写作；第三步是标题，选择一个吸睛的标题；第四步是排版，对文案进行排版后即可发布。在本节中，笔者将为大家讲述这四个步骤中需要注意的事项。

⭐ 4.1.1 文案选题：带货的灵魂

一篇好的带货文案少不了一个优秀的选题。对于文案的选题，可以从两个方面进行思考。

（1）用户的心理诉求

首先，对于公众号平台来说，每个公众号都会有各自的特色，如果一个公众号主打如何让女性变美，那么该公众号的带货文案便都是围绕如何变美进行的，变美也是关注用户的心理诉求。

其次，在进行文案带货时，确定大的分类之后，需要了解你进行带货的产品是否与你选择的主题相匹配，或者是否还可以具体细分。

如果公众号是属于美食类的，关注的用户则会是一些吃货，那么进行文案带货时，可以是一篇主题针对优惠美食产品的文案，如图 4-1 所示。

图 4-1 福利美食产品主题

同时，也可以进行美妆类的产品带货，如图 4-2 所示。

图 4-2　福利彩妆产品主题

在基于用户心理诉求进行选题策划时，可以利用用户浏览文章的数据，通过数据分析来选择流量高的选题。

（2）找到合适的切入点

满足消费者心理诉求之后，如何能在众多公众号文案中脱颖而出呢？撰写者需要选择一个合适的切入点，其中热门话题就可以作为一个很好的切入点。例如，"摆地摊"在微博上一度很火，五菱宏光品牌就利用这个热点进行了公众号带货文案的发布，如图 4-3 所示。

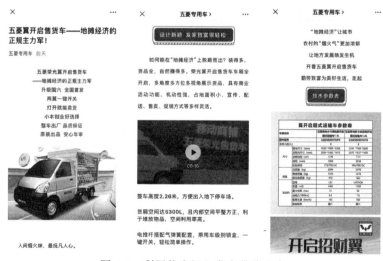

图 4-3　利用热点切入发布带货文案

⭐ 4.1.2 文案行文：支撑的骨架

一篇公众号带货文案的行文流程，大致可以分为以下几个方面：首先，吸引消费者，让消费者产生购买的兴趣；其次，让消费者在观看文案的过程中产生好感，对产品以及撰写者的创作产生欣赏的态度；最后，让消费者对产品产生好的印象，满足消费者的需求。

（1）如何吸引消费者

如何吸引消费者是一篇公众号带货文案开头所需要构思的，好的开头可以让用户产生继续浏览的兴趣。接下来，我们分析一些常见的开头案例。

首先我们看一下案例一，如图4-4所示。

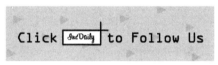

号称"韩国第一神颜"，露脸即上热搜，29岁女爱豆被全网吹爆：姐姐鲨我！

嗨哟 InsDaily 1周前

InsDaily-每日Ins新资讯

韩国一年一度的"夏日女团大战"已经吹响号角。

不仅blackpink准备出新歌，大批当红女团都将扎堆发新专辑，在线PK，这个夏天也太幸福了吧！有人说，一双眼睛拯救一张脸。

好看的眼睛对颜值到底有多重要，看看娱乐圈就知道了。因为做了双眼皮而美貌逆袭的例子，一抓一大把！

比如板野友美，从平平无奇的学生妹，变身俏皮的性感女郎。平行大双不仅增加了混血feel，也让眼窝看起来更深邃了🤤

很多人都知道，热门抢手的好医生根本约不上，许多姐妹都在因此发愁。

小IN给大家支个招，去新氧app就解决烦恼了！

作为国内最大的医美服务平台，新氧聚集了众多国内从业20+年的专家。他们当中，很多都是三甲医院的眼部整形医生，资质和实力都是杠杠滴～

最近新氧66大促，百位眼部整形专家在线"营业"，还能进行免费视频咨询。拿不准主意的朋友，可以在线上多找几个医生，综合衡量之后再决定自己要做哪种双眼皮，连踩雷都省了！

图4-4 利用"韩国第一神颜"吸引用户

这篇文案带货的产品是某平台的双眼皮手术。在文案的开头，作者首先讲述女团，接着利用"韩国第一神颜"作为吸引点，吸引用户点击。这种方式是利用明星案例来进行开头，也是众多文案会使用的方式之一。接着，由这个案例引出文章的重点，即这个明星微调过眼睛，进而引出带货的产品。

图 4-5 所示为《第一次摆摊好害羞，第二次就好了》的带货文案。文案开头是利用对热点"摆地摊"进行讨论，将摆地摊与恋爱这个老生常谈的话题进行比较。

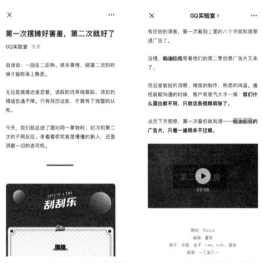

图 4-5　《第一次摆地摊好害羞，第二次就好了》

摆地摊作为一个热门话题，本身携带大量流量，并且为人们所熟知，再加上恋爱这个话题，更是让消费者产生参与感。同时在正文部分还采用了新颖的特色刮刮乐，让消费者参与文案中。所有的刮刮乐刮完后，引入产品。这篇文案的带货产品是一辆品牌车，并且在结尾处还加入了产品的宣传片。

（2）如何给予消费者满足感

要想让消费者在浏览过程中产生满足感，写作者可以从三个角度出发。

第一个角度是提高消费者阅读体验感，即让带货文案的内容流畅，消费者在阅读文案过程中感到毫不费力。如果文案的语言过于晦涩，让消费者感觉无法理解，那么消费者不会产生满足感。图 4-6 所示为一篇典型的美妆带货文案。整篇文案的语言通俗易懂，文案中运用的素材也是大多数网友都知晓的明星。

第二个角度是让消费者产生情绪快感，即在消费者浏览文案时，在情绪上感到非常过瘾，例如一直兴致勃勃。撰写者可以在进行文案带货时，利用语言保持和控制消费者的情绪，给与其轻松、愉快的氛围等。

第三个角度是让消费者产生恍悟式快感，即阅读完文案的内容后，消费者感到得到了帮助，解决了自身的疑惑。

被网友酸丑，却迷倒孔刘、李敏镐，29岁金高银凭什么逆袭成男神收割机？

十一 InsDaily 1周前

InsDaily-每日Ins新资讯

前几天，韩剧《The King：永远的君主》被剧迷热搜了。

韩国第一女高欧巴李敏镐退伍归来的第一部剧，搭上女主"乘风破浪"金高银，《永远的君主》从还没开播就让人期待了。

但谁能想到这一次上热搜却是因为它太太结婚啦！嘻（了）！

/抗初老/

众所周知，吹弹可破的牛奶肌肤的头号敌人就是各种皱纹。

本以为我们的20多岁的年纪还能僵住，其实肌肤已经要开始抗老了，还不知道从何抗起的姐妹，赶紧系好安全带上车吧。

小In第一次听到████面霜是贝娅在Ins上安利的。

一搜才发现，原来████████是由全球细胞再生领域权威专家巴德教授所创立的德国革命性表皮护肤品牌。

████面霜一上市，就盖接风靡了整个欧美明星名嫒贵妇圈，LV太子妃、卡戴珊一家、法国前第一夫人Carla Bruni都是它的粉丝，连漫威宇宙最厉害的女人之一绯红女巫奥桑也是它的品牌笔友，厉害了！

图4-6 典型的美妆带货文案

⭐ 4.1.3 文案标题：点击的秘诀

一个好的公众号带货文案的标题，最大的作用是提高文案的点击率。因此，想要构思一个好的标题之前，我们需要了解一下什么是不好的标题。所谓不好的标题，即让消费者看见后毫无点击的欲望。除此之外，还有一种不好的标题，即虽然能够吸引消费者点击，但是标题与正文的内容完全不符，无法达到用户对该文案的预期值。

那么，如何选择一个好的标题呢？不同的公众号写作方式不一样，例如美妆类的公众号，目的就是帮助女性消费者变美，那么带货文案的标题也应该有此体现。

例如，这篇公众号带货文案的标题《打扮路人的女生，如何系统地学习搭配，让穿衣事半功倍？》如图4-7所示，从标题上就传递了提高女性穿搭能力的信息，并且采用疑问句的形式，引发了消费者思考的同时，也增加了其参与感。

《万能基本款》

图 4-7　美妆类公众号带货文案

除了体现公众号的主题以外，还可以利用四种小技巧来编写公众号的标题。

第一种方法是根据用户本位的思想，即站在用户角度思考，表达用户心中所想。在端午节的时候，粽子是这个节日里不可缺少的一种美食。选什么样的粽子也就成了大多数用户心中的疑惑，那么作为一个美食类的公众号，选择一款粽子进行带货，正好解决了用户的困惑，如图 4-8 所示。

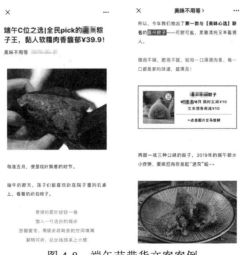

图 4-8　端午节带货文案案例

第二种方法是利用反常识性的标题，打破人们日常经验认知。用这种方式拟的标题之所以会引发用户的点击冲动，是因为在标题上进行了二元对立，制造了矛盾。

第三种方法是利用利益点制造悬念，这种方法是最常用的标题类型。图4-9所示即为利用该技巧的带货文案标题。

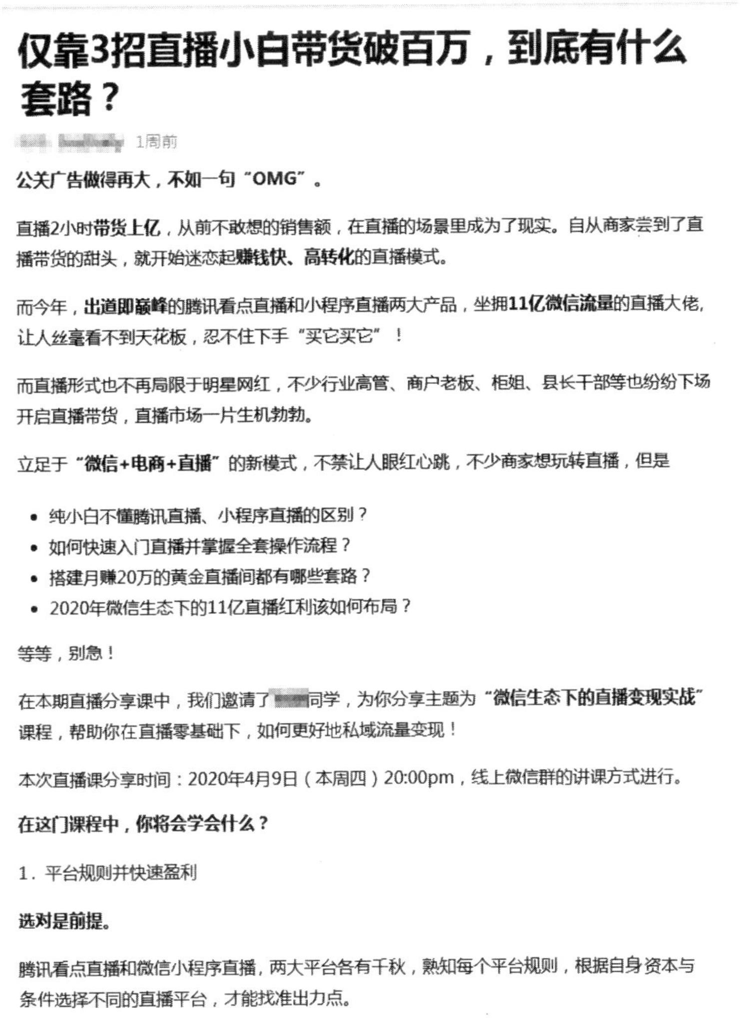

仅靠3招直播小白带货破百万，到底有什么套路？

1周前

公关广告做得再大，不如一句"OMG"。

直播2小时带货上亿，从前不敢想的销售额，在直播的场景里成为了现实。自从商家尝到了直播带货的甜头，就开始迷恋起**赚钱快、高转化**的直播模式。

而今年，**出道即巅峰**的腾讯看点直播和小程序直播两大产品，坐拥**11亿微信流量**的直播大佬，让人丝毫看不到天花板，忍不住下手"买它买它"！

而直播形式也不再局限于明星网红，不少行业高管、商户老板、柜姐、县长干部等也纷纷下场开启直播带货，直播市场一片生机勃勃。

立足于**"微信+电商+直播"**的新模式，不禁让人眼红心跳，不少商家想玩转直播，但是

- 纯小白不懂腾讯直播、小程序直播的区别？
- 如何快速入门直播并掌握全套操作流程？
- 搭建月赚20万的黄金直播间都有哪些套路？
- 2020年微信生态下的11亿直播红利该如何布局？

等等，别急！

在本期直播分享课中，我们邀请了   同学，为你分享主题为**"微信生态下的直播变现实战"**课程，帮助你在直播零基础下，如何更好地私域流量变现！

本次直播课分享时间：2020年4月9日（本周四）20:00pm，线上微信群的讲课方式进行。

在这门课程中，你将会学会什么？

1. 平台规则并快速盈利

选对是前提。

腾讯看点直播和微信小程序直播，两大平台各有千秋，熟知每个平台规则，根据自身资本与条件选择不同的直播平台，才能找准出力点。

图4-9 利用利益点制造悬念来命名的文案标题

第四种方法是准备多个标题，由团队参与投票选择。有的公众号会对下期的文案内容事先进行询问与调查，再根据用户的投票以及反馈进行内容选择。

⭐ 4.1.4 文案排版：爆款的衣装

当文章完成得差不多时，需要注意排版。一个好的排版，可以让一篇带货文案赢得更多消费者的喜爱。排版对于文案，好比衣服对于人。排版的好坏在一定程度上影响着消费者的选择，那么在进行公众号文案排版时，我们需要注意什么呢？

要注意的第一点是封面图的设计，需要突显带货文案的主题，配的图需要按照微信公众号的标准进行选择。

公众号头条文章的封面尺寸应该选择 900×383px，即宽是 900 像素，高是 383 像素，图片的比例是 2.35：1。非头条文章的封面尺寸一般为 200×200px，即宽和高都是 200 像素。具体图片比例的大小，如图 4-10 所示。

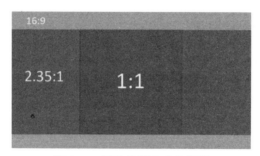

图 4-10　图片比例大小参照图

不同手机画面内容的展示也会有所差异，因此在进行封面图选择时，还需要注意一些细节。首先，封面图的选择应该与文章的主题相关，而不是随意选择一张图片。其次，图片中可以适当添加简要的文字，帮助用户了解内容。另外，需要注意的是，带货文案可能会被分享到朋友圈，而分享到朋友圈的横图效果只会展示正中央部分，因此选择的图片内容也需要集中化。

⏱ 专家提醒

有许多的 App 以及网站会直接提供适合的封面图片以及配图，所以在图片选择上也可以适当利用工具网站。

要注意的第二点是文章的摘要。文章的摘要可以对文案的标题进行补充，方便用户了解带货文案的内容。

要注意的第三点是正文中的配图。正文中配图的使用，可以形象地展示文字的描述内容，如图 4-11 所示。不仅如此，动图的使用还可以让文案变得更加生动和形象。

图 4-11 使用配图形象表达文字描述

在进行配图时，撰写者需要注意使用的图片是否存在侵权问题。为规避这类问题，撰写者可以寻找可商用的图片，或者获得图片作者的授权。有许多网站都会提供可商用的免费图片，如图 4-12 所示。

图 4-12 提供免费可商用图片的网址

带货文案的文字格式，建议选择 15px。如果文案内容相对较少，可以使用 16px。除此之外，还要注意字体的颜色不能太多，因为颜色太多会显得画面杂乱。常见的行间距为 1.5 或者 1.75。

⭐ 4.1.5 文案质量：销量的关键

带货文案的质量体现在三个方面，如文案观点、创新性、带货效果等。观点可以与他人的相同，但是在文案中，内容一定要具有创新性。因为同样的观点，没有创新，你的文案的带货效果一定会差于同内容的"大V"。

例如，朱广权在为小风扇进行带货时，他的文案是"最近天气热到玉米都变成了爆米花，在家必须吹空调、用Wi-Fi、吃西瓜，出门带上它，就能让你笑开花"。文案中所运用的词语都是常见的，但是采用段子的方式连在一起，就非常富有创意。

还有，李佳琦在介绍产品时，也经常会从其他角度进行带货。比如，他带货的文案有"这个真得很划算，大家可以买了送老公或者男朋友""你就给你老公买这个面膜，不要让他再偷你很贵的面膜了""给你老公买东西不是为了给他买东西，是为了让他不再偷用你的东西"等。

这些带货文案都具有创新性，有的文案虽然与大众的观点相同，但在表达上别出心裁。

4.2 创作技巧：公众号的文案如何突出卖点

随着微信使用的普及化，微信已经融入越来越多人的生活中。公众号作为微信中的一个产物，也已成为人们业余时间经常会浏览观看的内容。使用微信公众号进行带货不仅方便，而且群众基数大，那么，如何利用公众号发布文案进行带货呢？一篇优质的带货文案又是如何突出卖点的呢？在本节中，笔者将为文案创作者讲述如何突出公众号文案的卖点。

⭐ 4.2.1 内容：兼具个性和价值

利用微信公众号平台进行带货时，文案的内容是非常重要的。因此，在微信公众号平台的内容方面，写作者需要把握好两个要点，下面进行相关分析。

1. 要有个性化内容

个性化内容，也许是写作者最难把握的一个要点。因为写作者在发布微信软文内容时，无论是在报道方式上，还是在内容形式上都倾向于长期保持一致性，才能给用户一种系统而直观的感受。

长期的个性化往往很难做到，做得不好还容易让公众号的自成体系失去平衡。如果写作者想要让自己的微信公众号与他人的微信公众号"划清界限"，变得更易被用户识别，那么个性化的微信内容是必不可少的。个性化的内容不仅可以增强用户的黏性，使之持久被关注，还能让写作者的微信公众号在众多公众账号中脱颖而出。

2. 打造实用的价值

在利用微信公众号进行文案带货的过程中，写作者一定要注意内容的价值性和实用性。这里的实用是指符合用户需求，对用户有利、有用、有价值的内容，如图 4-13 所示。

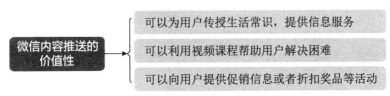

图 4-13　微信内容推送的价值性

不论是哪方面的带货文案，只要能够帮助用户解决困难的就是好的文案。而且，只有提供有价值和实用的内容，才能留住用户。

★4.2.2　互动：提起用户的兴趣

通过微信公众号平台，品牌经营者可以多发起一些有趣的活动，以此来调动用户参与活动的积极性，从而拉近与用户的距离。

除了发布活动之外，品牌经营者还可以通过其他方式与用户进行互动，例如通过问卷调查了解用户的内在需求，通过设置各类专栏与用户展开积极的互动等。品牌可以将互动信息和带货结合起来进行推广，单纯的互动信息推送没有那么多的趣味性，如果和文案相结合，那么就能够吸引更多的人参与到互动活动中。

除此之外，在文案的正文中，品牌经营者也可以利用创意的模式与用户进行互动。图4-14所示为GQ实验室的带货文案，该文案采取的就是新颖的互动方式。

在一系列有趣的童年游戏回顾之后，文案的最后进行了伊利牛奶的带货，如图4-15所示。其内容十分有趣，并通过互动把浏览的用户带入了童年的回忆中。

图4-14　GQ实验室的带货文案　　　　图4-15　文案的最后进入带货阶段

⭐ 4.2.3　包装：诉说产品的价值

微信公众号比起微信朋友圈来说，更适合做文案带货，商家可以通过一篇篇的文案告诉客户购买产品的价值。下面来欣赏一篇由"GQ实验室"公众号推送的带货文案，如图4-16所示。

这篇文案看似普普通通，通过一张一张图片添加而成，但是当用户滑到文案结尾的时候，会看到让用户返回，再点击图片的提示。最后用户会发现每一张图片的背后都可以看到另一张图片。用户返回点击到最后一张，就会看到这篇文案的带货产品，如图4-17所示。

这是一篇给产品进行包装的带货文案，标题处利用对存钱的感叹进行命题，传递出存钱不太可能的信息。接着在正文中，通过一张张关于金钱理念的图片表示存钱不太可能，但是在每张图片的背后，又对之前的观点进行了反驳，最后直接传递出购买那辆车可以省钱的信息。

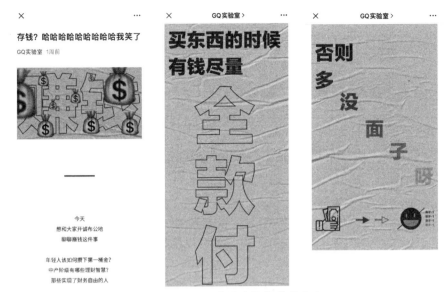

图 4-16　"GQ 实验室"的带货文案

图 4-17　点击后显示不一样的图片内容

⭐ 4.2.4　好奇：激发阅读的欲望

企业或者自媒体写作者在利用微信公众号进行带货的时候，想让读者认真地读完文案的内容，就要能够激起读者的好奇心。在好奇心的驱使之下，他们就能阅读完全篇的内容。具体做法是，可以在开头的文字上多下功夫，一开始就激发读者的好奇心要比其他方法效果好得多。

★4.2.5　3步：套路式写作方法

在这里，笔者主要为大家讲述"认识产品、产品优点，现在下单"三步法的写作方法。运用好这种方法，能够让带货文案的效果更上一个台阶，如图 4-18 所示。

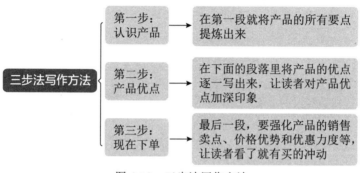

图 4-18　三步法写作方法

4.3　具体实战：公众号的文案带货案例

讲述完公众号带货文案的创作流程与技巧之后，为大家讲述一些公众号的文案带货案例，帮助大家更好地进行文案带货。

★4.3.1　"嬉游"：1条推送促成600万元销售额

"嬉游"是一个写旅游的公众号，如图 4-19 所示。相对于其他旅游类的公众号来说，"嬉游"的文案内容更具专业性。

它的用户以都市女性为主，她们注重生活品质，热爱旅游，并且购买力很强。以下是西瓜数据中有关"嬉游"公众号的数据，如图 4-20 所示。

图 4-19　"嬉游"公众号

图 4-20　"嬉游"公众号西瓜数据

"嬉游"在进行带货时，选择的产品也多是旅游类的，并且写作者会亲自购买，选择高性价比的产品进行带货。其中，有一篇关于马尔代夫 JV 岛的酒店行程预定的限时促销的文案，产品销售超过 600 万元。

4.3.2　"本地宝"：20天单品带货400万元

本地宝是一个地方区域类的公众号，多个地区都有该公众号，如图 4-21 所示。

图 4-21　"本地宝"公众号

本地宝最开始出现在深圳和广州，后来慢慢扩大。其中，"天津本地宝"的活跃粉丝数量达到 150 多万。本地宝公众号的运营理念主要是带来更多的便民资讯，方便城市用户。其带货文案的产品主要是提供本地服务为主，并且因为本地宝以地区进行划分，所以产品非常垂直精准，受到众多品牌的喜爱，例如京东、天猫、美团，甚至包括建设银行、交通银行等。

在"上海本地宝"的公众号中，一篇关于长三角旅游联票的带货文案，在 20 天内带货金额就超过了 400 万元。另外，还有沪申眼科学配镜中心的带货文案，销售金额超过 40 万元，默默萌宠乐园销售金额超过 32 万元，这些都说明本地宝的带货效果很强。

本地宝强大的带货能力也使得更多广告商多次进行复投，年度复投率达到 90%，同时年度复投超过六次的品牌很多。

4.3.3　"胡渣少女"：8万阅读带来40万元转化

"胡渣少女"是一个搞笑类的公众号，主要内容以漫画为主，漫画的内容是作者原创的绘画作品，画风和内容都十分幽默。图 4-22 所示为其公众号的信息页面以及带货文案展示。

图 4-22 "胡渣少女"公众号的信息页面以及带货文案

该公众号的活跃粉丝数达到 190 万，并且粉丝黏性很强，多为女粉，平均年龄在 20～30 岁。这样高黏性的用户，使得胡渣少女有一篇带货文案的销售金额达到 40 万元之多。图 4-23 所示为"胡渣少女"的西瓜数据分析。

图 4-23 "胡渣少女"公众号的西瓜数据

4.3.4 "Sir电影"：一篇推文带货流水超200万元

公众号开发个性好玩的产品是一件很常见的事情，但是一篇带货文案一晚上获得 100 万元的销售金额还是少见，不过"Sir 电影"就做到了。"Sir 电影"

是一个电影领域的公众号，在西瓜数据中，该公众号预估活跃粉丝达到了 500 多万，如图 4-24 所示。

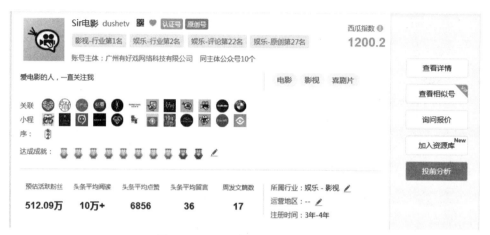

图 4-24 "Sir 电影"的西瓜数据

那篇销售金额一晚上就达到 100 万元的带货文案叫作《满分，破尺度，没人提，我要逆流安利》，如图 4-25 所示。此后，该文案的销售额更是达到了 200 万元之多。

图 4-25 《满分，破尺度，没人提，我要逆流安利》

该文案的带货产品正是其自家周边——《对她说》2020电影日历，那么这一款产品是如何达到这么高的转化率呢？原因是该日历收录了366部文艺片电影，并且选择了最动人的镜头以及台词，相当于一部观影指南。这样的选择和出品，正好满足了其粉丝的多重需求。

★ 4.3.5 "新青年大院"：5小时卖出15万元销售额

"新青年大院"公众号主要是一个讲述青年人情感故事的公众号，还有一些猎奇的情感故事。其推送的文案内容非常贴合年轻人的喜好，所以粉丝以年轻男性为主。图4-26所示为该公众号的西瓜数据。

图4-26 "新青年大院"的西瓜数据

该公众号的带货文案主要是将有特点的故事与广告相结合，将带货的产品作为故事的道具，使得产品推广十分自然，甚至曾5个小时内卖出15万元的销售额。

/第 / 5 / 章 /

朋友圈带货：实现社交裂变式传播

对于许多人来说，既想在朋友圈进行带货，但是又不知道如何开始，甚至会遭到好友的屏蔽，那么如何正确利用朋友圈带货呢？在本章中，笔者将为大家讲述朋友圈文案带货的技巧，分别从朋友圈文案带货的优势、朋友圈文案的创作技巧，以及朋友圈正确带货方式的案例进行讲解。

5.1 带货优势：将朋友圈作用发挥最大

现如今微信使用越来越频繁，从聊天到创业，微信逐渐融入人们的生活当中，成为不可或缺的一部分。微信从研发到如今拥有几亿用户，只用了短短几年时间，不得不说这是一个有着巨大潜力的软件。下面一起来看看朋友圈带货的相关知识。

★ 5.1.1　优势一：展现形式多元化

带货文案营销的推广渠道非常多样化，除了微信公众号，还有几种营销推广渠道，如漂流瓶、朋友圈、摇一摇、附近的人等。商家可以根据自己的企业特点和资金状况，选择适合自己的文案带货方式。

除此之外，微信群也可以方便店家进行朋友圈带货。店家可以在朋友圈进行活动宣传，然后让列表里的好友加入社群。那么，如何进行社群的宣传呢？笔者将给大家提供几条社群宣传的文案话术。

1. 时间+内容+指令

例如：×× 团，× 月 × 日要开群了，私聊我即可拉你入群，上次错过的朋友们，这次抓紧了。

这样的文案在开头便会告知好友群内有福利，并且会告诉抢购的日期、方式。方式就是私聊店家，即可入群。

2. 时间+内容+抽奖

例如：针对 ×× 发个福利，3 群这个月 × 月 × 号开群，点赞第 × 位、第 × 位，免费赠送 ××（福利），抽中的私聊我。

这篇文案主要通过点赞进行抽奖，并且根据点赞的规则，若中奖的用户可免费领取福利，利用福利对这个群再次进行宣传。

3. 内容+福利

例如：私聊店家，拉你入群，即可免费领取 ×× 物品，还有店铺上新抢先知、优惠券等福利。

这样的文案主要是利用福利邀请用户入群，并且入群时间不受限制。许多淘宝店家也会利用这样的方式进行宣传。

除了邀请用户参与社群以外，在朋友圈文案带货中，还可以利用短视频与文案相结合的带货方式，如图5-1所示。这样的短视频时长一般在15秒左右，播放的内容非常简练并且重点突出。

图 5-1　文案＋短视频结合带货

⭐ 5.1.2　优势二：传播效率比较高

在微信里进行带货，传播效率比较高，因为微信是一种即时通信工具。商家在朋友圈里发布信息，用户可以在任何时间、任何地点查看，并且资讯传播也十分及时，如图5-2所示。除此之外，消费者属于店家的好友，在朋友圈进行带货，相当于店家的私域流量。

图 5-2　发布及时且传播效率高

⭐ 5.1.3 优势三：将朋友变为客户

微信与同类聊天工具比较起来更具特点，它从以下三个方面改变了人们的生活。

1. 改变了人们沟通方式

- 能够传递文字、图片、语音、视频等各种信息；
- 能让人们的沟通不受时间、空间的约束；
- 微信仅仅收取少量流量费用，让人们的沟通成本更低。

2. 改变了人们交友方式

- 在微信里，人们的交友方式是保密的，好友交流一对一展开，很好地保护了用户的隐私；
- 好友列表只有用户自己看得到，更加提升了私密性。

3. 改变了人们获取信息的方式

- 用户可以通过订阅自己感兴趣的信息来获得有价值的信息；
- 用户的衣食住行、理财娱乐等业务通过微信都能实现。

可以说，微信不仅仅只是一个单纯的聊天工具，更是一种全新的生活方式。它的出现，不仅给人们的生活带来了许多便利之处，而且也让人们的营销思维发生了巨大的改变。

◎ 专家提醒

"熟人经济"在微信里出现后，越来越被人们接受，很多人把自己的微信好友变成了客户，这种角色定位的改变源于朋友之间的相互信任。因为信任你，别人才信任你的产品，这也是微信软文营销最大的特色之一。

5.2 创作技巧：解决朋友圈带货烦恼

朋友圈带货文案怎么写呢？如何在朋友圈带货又不会被朋友拉黑？虽然

朋友圈的人数众多,但是朋友圈的带货也不容易,如果卖得不好极易失去朋友。在本节中,笔者将为大家讲述朋友圈带货的文案创作技巧,帮助大家更好地利用朋友圈。

★ 5.2.1　图文结合：带货内容更醒目

发朋友圈有三种方式,一种是发纯文字,一种是发图文并茂的内容,还有一种是发视频内容。文案带货肯定是和文字有关的,因此在微信朋友圈进行文案带货,可以选择前面两种形式,但最好是采用图文结合的方式。

图文结合的文案带货会比单纯的文字更加醒目、更加吸引人,信息量也更大。在本小节中,笔者将对朋友圈发送图文并茂的信息操作步骤进行详细的阐述。

步骤01　点击微信界面下方的"发现"按钮,如图5-3所示。

步骤02　执行操作后,进入"发现"界面,点击"朋友圈"按钮,如图5-4所示。

图 5-3　点击"发现"按钮　　　　图 5-4　点击"朋友圈"按钮

步骤03　执行操作之后,进入"朋友圈"界面,点击右上角的"📷"按钮,如图5-5所示。

步骤04　执行操作之后,弹出相应的菜单,点击"从手机相册选择"选项,如图5-6所示。

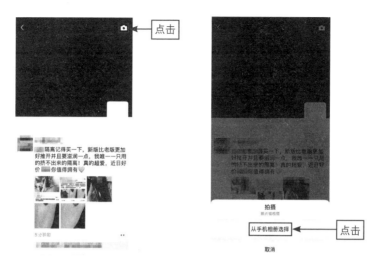

图 5-5　点击"⬛"按钮　　图 5-6　点击"从手机相册选择"选项

步骤05　执行操作后，进入"所有照片"界面，选择照片，点击右下角的"完成"按钮即可，如图 5-7 所示。

步骤06　执行操作后，进入相应界面，❶在相应文本框中输入文字；❷点击右上角的"发送"按钮即可，如图 5-8 所示。

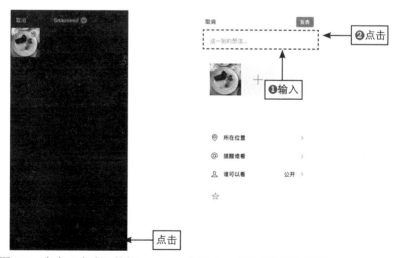

图 5-7　点击"完成"按钮　　图 5-8　点击"发送"按钮

⭐ 5.2.2　篇幅简短：介绍产品重点突出

一般来说，微信朋友圈能直接展示文字的功能只有 6 行。对于文案带货而言，虽然没有字数限制，但最好是利用前 3 行来吸引微信用户的目光，将重点提炼出来，让人一眼就能扫到重点，这样才能使人们有继续看下去的欲望。如果发布的内容太长，就会发生"折叠"，而用户必须点击"全文"才能看余下的内容，如图 5-9 所示。

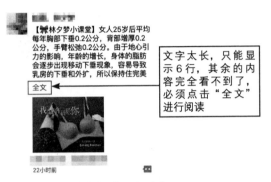

图 5-9　朋友圈内容超过一定限度

　　微信是一个社交平台，人们都愿意接受碎片式阅读形式，不喜欢那种连篇累牍式的文字。因此，对于在朋友圈带货的人来说，要避免自己的文案带货内容过于冗长。如果有很长的内容，建议将重点提炼出来，让人一眼就能扫到重点。

　　在卖点提炼时，可以利用产品与市面上其他的产品进行对比。

⭐ 5.2.3　利用评论区：产品介绍更全面

　　如果朋友圈的内容长到没办法精简提炼，还可以利用另外一个功能，即评论功能。通过评论功能将更多的信息传递给受众，因为评论区域是没有折叠的。无论你发多长的评论，都会全部展现在好友面前。因此，朋友圈带货的人要善于利用评论功能，将他人看不到的内容写上去，或者将一些需要强调的重点写上去。

　　有的人说，评论有定向隐藏功能，即评论只有部分人能看到，其他人看不到，但自己给自己评论是没有定向隐藏功能的。也就是说，微信里所有好友都能看到这条评论内容，因此在朋友圈进行文案带货的人不需要有什么顾虑。

★5.2.4 强化撰写法：用户记忆深刻

强化功能撰写法，就是在微信中将产品最大的优点突显出来。在这里，要运用到九宫格强化思维法。什么是九宫格强化思维法？就是运用九宫格将产品的众多优点一一列出来。具体的操作方法，如图 5-10 所示。

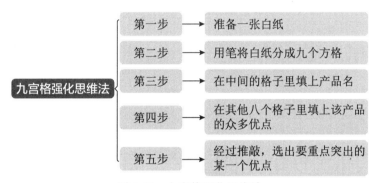

图 5-10 九宫格强化思维法

举个很简单的例子，假设商家是卖面膜产品的，罗列出来的面膜功能可能有 20 多个。虽然功能这么多，但是未必能让消费者全都记住。此时，强化消费者的记忆，重点突出其中的一个特点，例如美白滋润，那么就能够让消费者在寻找美白滋润的面膜时会立刻想到这款面膜。

★5.2.5 粉丝反馈：博取消费者信任

在微信朋友圈进行带货，最终目的是销售产品。销售产品的前提需要用户对店家产生信任。那么，如何取得一个陌生人的信任呢？可以借助他人的反馈来博得陌生人的信任。这个"他人"最好是这位陌生客户的朋友，因为只有这样，他才能看到他的朋友在朋友圈中的留言，从而对商家产生信任。

图 5-11 所示为用户在朋友圈发布粉丝反馈的截图。

★5.2.6 多角度介绍：详细了解产品

商家在朋友圈进行文案带货的时候，可以从多个角度对产品进行介绍，除了产品的主要功能之外，还可以介绍以下内容，如图 5-12 所示。

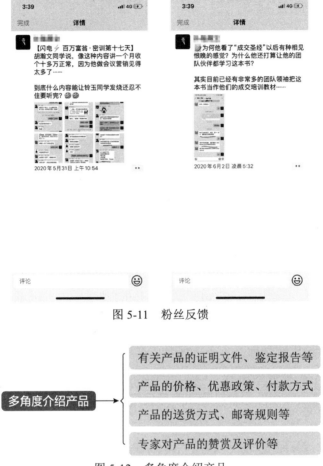

图 5-11　粉丝反馈

	有关产品的证明文件、鉴定报告等
多角度介绍产品	产品的价格、优惠政策、付款方式
	产品的送货方式、邮寄规则等
	专家对产品的赞赏及评价等

图 5-12　多角度介绍产品

这样做，能够让用户对产品有个综合的了解。

★ 5.2.7　商家承诺：消除买家的风险

在微信朋友圈刚开始进行文案带货时，我们面对的用户都是熟人，但是随着时间的推移和生意的扩展，会有越来越多的陌生客户添加商家微信，进入商家的朋友圈。这时候，商家需要通过打消买家的顾虑来获得买家的信任。

那么，商家如何消除买家的顾虑呢？商家可以进行零风险承诺，承诺买家如果不满意就可以退款，或者免费提供相关的服务，如图 5-13 所示，以此来提高消费者的购买体验。只有让他们满意了，市场才会慢慢打开。

图 5-13 提供不满意退款服务

另外，也可以上传实拍的产品图片或者发布产品的实测实评，如图 5-14 所示。

图 5-14 对产品进行实拍

⭐ 5.2.8 注意事项：用户常见的问题

商家在朋友圈进行文案带货时，最好尽可能地将常见问题进行解答。这些常见的问题包括以下几类：

- 产品送货问题；
- 产品质量问题；
- 产品退货问题；
- 送货安全问题；

● 产品的使用问题等。

商家考虑得越全面，客户才会越满意。

5.3 具体实战：朋友圈的文案带货案例

了解了朋友圈文案带货的优势和创作技巧之后，接下来，笔者将带大家了解优质的朋友圈文案带货的案例，让想要进行朋友圈带货的用户更全面、更清晰地了解朋友圈文案带货的技巧。

★ 5.3.1 唯品会：使用明星效应引导用户参与活动

唯品会曾邀请某知名男歌手合作，并在朋友圈进行了文案带货，这次带货取得了很好的效果，如图 5-15 所示。

图 5-15　唯品会邀请知名男歌手的文案带货

该文案成功的关键在于以下几点：

（1）利用该男歌手的形象作为封面，吸引其粉丝的点击；

（2）文案的内容以他常常被大众所吐槽的事情作为吸引点，加强了用户的参与感，引导了用户参与活动；

（3）文案内的广告安排得流畅，非常自然。

⭐ 5.3.2 猫途鹰：调动用户积极性，产生刷屏效果

猫途鹰的朋友圈带货文案也曾产生过非常大的反响，并在许多人的朋友圈中刷屏。图 5-16 所示为当时刷爆朋友圈的猫途鹰带货文案。

图 5-16　猫途鹰刷爆朋友圈的带货文案

该文案成功的原因在于这个提问回答的形式，调动了朋友圈用户的参与积极性，如图 5-17 所示。

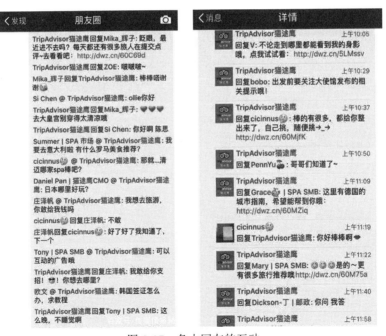

图 5-17　各大网友的互动

5.3.3　iPhone X：直接使用文案和用户进行互动

iPhone X 的微信朋友圈的文案带货相较于前两个，展示的形式更加简洁，如图 5-18 所示。

图 5-18　iPhone X 朋友圈带货

它虽然采取普通卡片的形式，但是点开之后的内容却十分高端，并且直接了当地展示了产品的细节，利用产品直接与用户进行沟通。

/ 第 / 6 / 章 /

小程序带货：快速转化为意向客户

　　随着智能化的发展，小程序的使用越来越普遍，有越来越多的实体店铺开通了小程序。那么，小程序究竟如何带货呢？在本章中，笔者将为大家带来关于小程序带货的技巧，从小程序的内容创作出发，接着讲述粉丝运营的技巧以及小程序带货的案例，帮助大家了解小程序带货。

6.1 创作技巧：优质小程序的内容制作

随着网络技术的发展，各类资讯飞速传播，人们每天接触的信息越来越多。对于微信小程序的运用，人们使用得越来越频繁，例如在店铺进行点单时，店员也会邀请用户扫码用小程序来进行点单。在本节中，笔者将为大家讲述如何利用小程序进行带货。

★ 6.1.1 情感切入：给予用户归属感

当一个用户对小程序产生一定的感情时，就说明小程序的内容走进了用户的心里，而不仅仅是小程序的营销推广取得的成效。要想让用户从根本上认可小程序，不能只依靠技术性的营销推广，还需要将感情作为切入点，以情感打动并维系用户。

回顾过往，小程序总能让老客户产生很强的归属感，无论其内容是文字、图片还是音频。因此，很多上线时间较长，有一定影响力的小程序都会选择用文案结合一些活动，进一步提升带货效果。

以"吴晓波频道会员"小程序为例，就在《每天听见吴晓波》音频节目推出一年之际，该小程序推出一期关于成长的节目，并以此邀请用户对该话题进行评论，如图 6-1 所示。因为这个话题触动了情感，许多用户都积极参与，在节目下方进行了评论，如图 6-2 所示。

作为老牌的图书销售网站，当当网在行业内本就具有较大的知名度，再加上对图书详细信息的全面展示，使得用户在"当当购物"小程序中看到某图书之后能比较全面地把握该书。这样一来，该平台自然也就更容易让用户放心，而其下单率高于大多数平台也就不足为奇了。

图 6-1　《每日听见吴晓波》音频节目

图 6-2　用户评论界面

专家提醒

邀请用户对话题进行评论，这个简单的活动引发了大量用户的参与，并且随着用户的自主宣传进一步扩大影响力。这种回顾过往就是让用户在有兴趣的基础上，玩得比较舒心，同时乐于分享，这也是利用用户情感建立小程序品牌的一种方式。

6.1.2　制造惊喜：拉近用户距离

对于用户而言，之所以使用某一小程序，其中很大的原因就是他们能够从小程序中获得自己需要的东西。如果用户能够用低于预期的支出获得需要的产品或服务，那么，他们便会在惊喜之余，从心里觉得自己与小程序的距离被拉近了。

在小程序中，运营者完全可以通过内容的生产为用户制造惊喜。比如，许多购物类小程序通过优惠券、秒杀等活动，为用户提供价格远低于市场的产品。除此之外，运营者还可通过为用户提供意料之外的内容为用户制造惊喜。

例如，在这款名为"艺术签名助手"的小程序中，其"签名设计"界面便显示了多种类型的签名设计，而且这些签名设计下还显示有许多用户已经付款，如图 6-3 所示。

选择某种签名设计并点击之后，便可进入"签名订单"界面，如图 6-4 所示。

在该界面中，用户可以选择签名的类型，并填写联系方式，支付相关费用，
点击下方的"立即下单"按钮进行下单。

图 6-3　"艺术签名助手"小程序默认界面　　图 6-4　"签名订单"界面

看到这些之后，许多用户可能会认为要在该小程序中获得签名设计，就必
须支付一定的费用。其实不然，因为"签名设计"界面还提供了一个搜索栏，
给用户提供一个"试手气"的机会，似乎只要"运气好"便可以免费获得一款
设计，如图 6-5 所示。实际上，如果用户在搜索栏中输入姓名，并点击"试试手气"
按钮，便可以直接得到一款签名设计。图 6-6 所示为搜索"张三"的结果。

图 6-5　提供"试手气"机会　　　　图 6-6　搜索"张三"的结果

用户试完手气之后，或许会惊喜于自己的运气非常好，抱着试一试的心态，却获得了一款免费的签名设计。其实，这是运营者为用户精心制造的惊喜，无论输入什么都可获得一款签名设计。图6-7所示为输入"小程序"获得签名设计的相关页面。

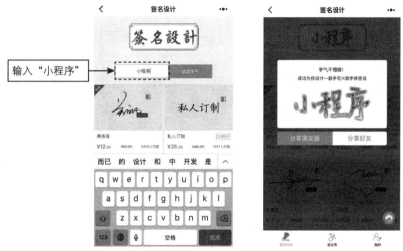

图6-7　输入"小程序"获得签名设计的相关页面

尽管用户通过搜索获得签名并非是运气，而是一种必然，但用户对这件事不是足够了解，还以为是获得的惊喜，接着对小程序生出好感，当其下次有相关需求时，也会继续选择该小程序。这样一来，运营者无形之中便为用户再次使用小程序提供了契机。

6.1.3　内容真实：增加社会认可度

随着网络技术的发展，人们每天接触的信息越来越多，而这其中难免会掺杂一些虚假信息。如果用户只是为了猎奇，信息的真假或许并无大碍，但是如果信息的真假与自身利益相关，那么用户势必就会验证其真实性。

因此，在特定场景下，小程序内容的真实性可以增加用户对小程序的认可度。那么，运营者怎样增强小程序内容的真实性呢？俗话说，"耳听为虚，眼见为实""有图有真相"，小程序运营者可以通过图片、视频等方式，给用户的判断提供直观依据。

比如在购物类小程序中，运营者可以通过产品展示、产品介绍等图片的提供，让用户对产品有一个基本的了解。图 6-8 所示为"京东购物"小程序的"商品详情"界面。该界面便是通过图片展示增强产品的真实性。

图 6-8 "京东购物"小程序的"商品详情"界面

在直播类小程序中，画面中如果是主播的表演或者实时操作的画面，用户便会觉得直播的内容更真实。图 6-9 所示为"虎牙直播"小程序的直播画面，画面看起来真实且自然。

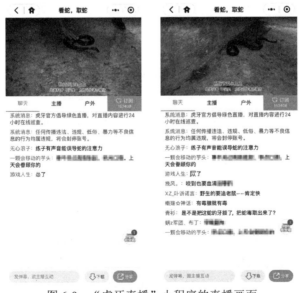

图 6-9 "虎牙直播"小程序的直播画面

⭐ 6.1.4　内容定位：满足用户心理

内容为王是小程序内容营销获得成功的基础。对于小程序而言，把握每一次与用户的相遇，了解每一个用户的心理并且满足用户的每一个需求，都是定位的策略表现。总的来说，运营者在做策略定位时，需要从三个方面进行综合分析。

1. 内容必须符合规范

在"微信公众平台小程序"中对小程序的设计和运营制定了规范，这些规范是小程序内容的警戒线。运营者在做内容策略定位时，应保证内容符合规范，否则小程序可能会因为违反设计或运营规范而被迫下线。

2. 应与服务范围一致

每个小程序都有其服务范围，这在运营者注册小程序时已经进行了设置。服务范围就是小程序"名片"上的重要内容。因此，小程序在定位时，应考虑已设置的服务范围，并尽可能让两者一致，这样才能让小程序的内容"名副其实"。

3. 需引起用户的兴趣

一个小程序如果要获得发展，就必须引起用户的兴趣，让用户觉得它有用。否则，对于完全不感兴趣的内容，用户用了一次之后，很可能就会失去再次使用的兴致。如此一来，小程序的用户势必会出现大量流失。

如何把这三个方面综合起来呢？例如某热门饮品的小程序。该小程序共分为"首页""点单""商城"和"我的"四个板块，如图6-10、图6-11、图6-12、图6-13所示。

小程序的名字就是店铺的名字，上述四个界面中的信息也都与该店铺相关，所以该小程序的内容与服务范围是一致的。

在这四个界面中，首先是小程序的首页，主要提供关于店铺的近期活动"充200送30"，方便用户及时查看；"点单"界面是用户主要通过两种方式购买——到店自提以及外送到家，用户可以自行根据需要进行选择；"商城"界面是有关于店铺的周边产品，对于喜爱店铺的用户可以在上面进行选购；"我的"界面则是关于使用用户的资料，可以为用户提供充值、办理会员、查看消费历史等服务。

图6-10　"首页"界面

图6-11　"点单"界面

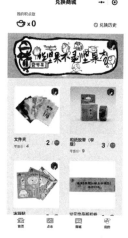

图6-12　"商城"界面

图6-13　"我的"界面

★ 6.1.5　界面"装修"：提高小程序实用性

当用户点击并进入小程序时，"首页"界面就成了用户的第一关注重点，所以把首页装扮好，把首页导航设置好是内容"装修"的重中之重。图6-14所示为小程序中较为常见的首页导航模式。

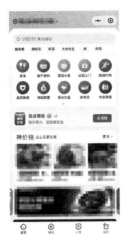

图 6-14　小程序中较为常见的首页导航模式

需要注意的是，并不是所有的小程序都需要首页导航，只有在内容较多的情况下，才通过使用首页导航更清晰地将内容表现出来。

除了形式上的"装修"之外，小程序还需要对具体内容进行"装修"。当然，"装修"不等于完全改造。小程序运营者在"装修"时必须确保自己发布的内容与小程序所在的分类定位一致。

比如，美食类的小程序中，发布的相关内容应该是与美食相关的，如图 6-15所示。如果是化妆品类小程序，那么里面的内容则要与化妆品相关。图 6-16所示为某化妆品品牌的小程序。另外，在小程序的具体内容中，可以发布一些与该小程序主题相关的心得或者看法的文章，信息以有趣和实用为主，同时适当插入一定数量的图片、视频也是非常有必要的。

图 6-15　美食小程序　　　　图 6-16　某化妆品品牌小程序

🔖 6.1.6　内容包装：促进用户沟通交流

对小程序内容的多次包装，主要目的在于提升用户的活跃度，促进用户进行评论或者交流。以美食类小程序内容为例，往往可以通过精美图片或美食攻略来吸引用户主动进行交流。图 6-17 所示为"下厨房"小程序中部分用户提供的美食制作分享与相关评论。

图 6-17　"下厨房"小程序中部分用户提供的美食制作分享与相关评论

除了对这种以分享为主的信息交流进行推荐之外，小程序能够做的内容包装还包括对话题帖子或者攻略文章的推广。图 6-18 所示为"美食天下"小程序中"广场"板块的相关界面。

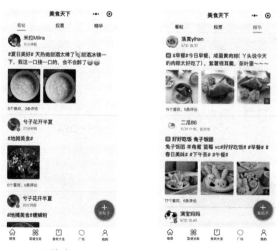

图 6-18　"美食天下"小程序中"广场"板块的相关界面

★6.1.7　及时反馈：促进小程序更新

小程序的带货内容需要根据用户的需求而定，所以带货内容的测试反馈就成为小程序内容运营必不可少的重要环节。运营者如何及时测试小程序内容，获得用户的反馈呢？

其中最为简单、有效的一种方法便是制作、分发问卷，并对相关数据进行统计。图 6-19 所示为某微信小程序调查问卷中的部分内容。

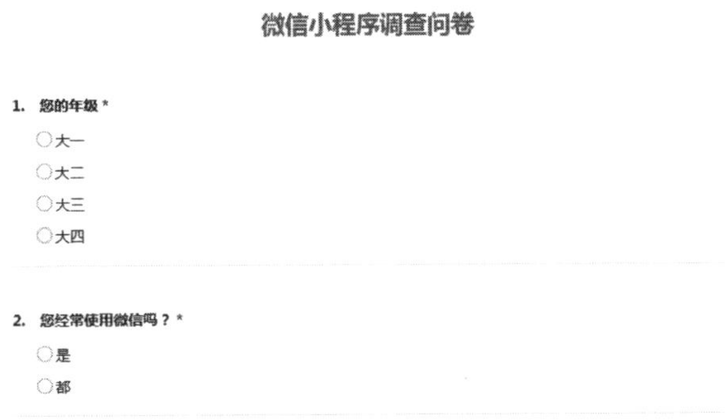

图 6-19　某微信小程序调查问卷中的部分内容

除了内容设计上的测试反馈之外，在小程序正式上线之后，小程序的内容运营团队同样可以采用调查问卷的方式获得用户的信息反馈。图 6-20 所示为某小程序使用情况调查的部分内容。

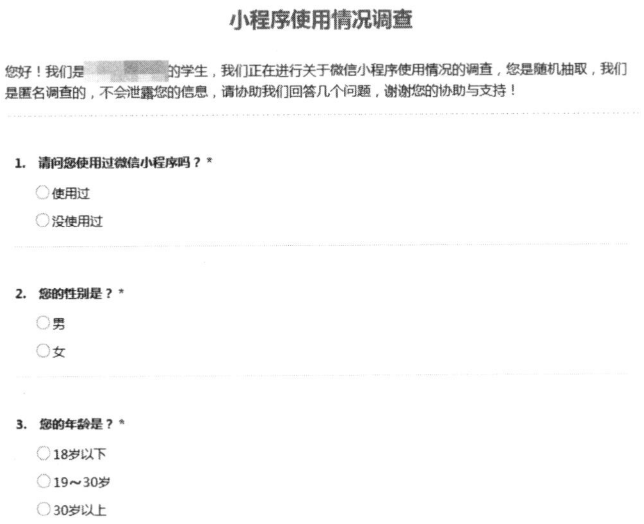

图 6-20　某小程序使用情况调查的部分内容

　　了解小程序内容测试反馈的方法多种多样，除了问卷调查之外，还可以通过街头采访、电话询问等多种方式进行，运营者根据实际情况选择即可。

⭐ 6.1.8　互动方式：维持用户使用习惯

　　虽然小程序应用的主要内容是由运营者提供，但随着人们交流需求的增长，互动越来越成为应用内容中不可或缺的一部分。比如在微信公众号中，企业可以通过自动应答与用户进行互动，如图 6-21 所示。

图 6-21　企业通过自动应答与用户的互动

　　由于板块设置的不同，小程序中很少有自动应答式的互动，但是运营者可以通过参考提供的方式与用户互动。比如在用户搜索过程中提供热门的相关搜索。图 6-22 所示为小程序搜索界面的常见模式。

　　除了用户与企业或产品之间的互动之外，小程序还可以提供用户之间的互动，同样能够促进平台上带货内容的产生，并且让用户保持长期的使用习惯。

　　以直播类小程序为例，创新的弹幕功能成了主播与粉丝以及粉丝与粉丝之间最常用的互动方式，除此之外还有面对面语音、视频等交流方式。

图 6-22　小程序搜索界面的常见模式

专家提醒

在小程序中设置互动板块主要可以起到两个方面的作用。首先，可以增加小程序内用户的活跃度。其次，在满足用户表达需求的同时，可以给其他用户提供参考。

比如，在购物类小程序中，用户商品的评论不可以缺少，因为如果看不到其他用户对商品的评价，用户便无法相对客观地把握商品相关信息，有的用户甚至会怀疑商家产品质量不过关。这样一来，用户便不会轻易下单了。

⭐ 6.1.9　优化内容：增强产品吸引力

在小程序提供的优质服务中，与小程序自身特性相吻合的内容是对用户影响最大的。在小程序中，运营者可以通过设置板块，在优化内容本身的同时，对内容的展示形式进行优化。图 6-23 所示为"蜻蜓 FM"小程序的"分类"界面。

在"分类"界面中，该小程序的运营者已将内容优化并整理为 30 大类，点击其中一类之后，又可以在导航栏中看到更具体的分类。图 6-24 所示为"相声小品"界面，点开后又细分为"相声""小品""综艺"三大类别。

图 6-23 "分类"界面　　　图 6-24 "相声小品"界面

　　"蜻蜓 FM"小程序的发展速度很快，主要原因在于该小程序内容的全面性是很多小程序无法达到的。它不仅为用户提供了大量音频内容，还对内容进行层层分类，在细节上服务到位，这就是优质服务。

　　除了全面性之外，内容（或功能）的独特性打造也可作为小程序发展的一个突破口。比如"K 米点歌"小程序的服务围绕 KTV 进行，用户只需扫码连接包厢，如图 6-25 所示，便可在"遥控"界面进行切歌等操作，如图 6-26所示。

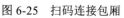

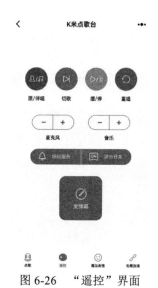

图 6-25 扫码连接包厢　　　图 6-26 "遥控"界面

正是因为"K米点歌"服务内容的独特性，让它成了该领域的唯一和第一，再加上喜欢去 KTV 唱歌的群体人数众多，而该小程序可以为他们提供便利，因此"K米点歌"推出不久便获得了大量用户。

 专家提醒

当小程序能够为用户提供有特色的功能服务时，优质服务的打造就更加快捷化。对此，运营者可从小程序内容的独特性和全面性方面努力，或者从人工服务角度入手。

6.2 运营技巧：保证小程序的用户活跃度

小程序的宣传推广固然重要，但必要的用户留存技巧也是不可或缺的。部分小程序因其宣传推广吸引了一定的用户，却因为未掌握用户留存技巧而无法留住用户，而对小程序的带货也会造成影响。

6.2.1 适当互动：加强用户活跃度

小程序的内容是影响其用户留存率最直接的因素，因此小程序带货的关键是做好内容营销。内容营销就是通过内容吸引用户、留住用户，从而达到营销的效果。想要进行内容营销，主要有三种开展形式。

1. 方式一：吸引用户增加流量

在常见的小程序带货中，增加流量是采用最广的一种方式，主要的受众是所有潜在客户。下面进行具体的相关分析，如图 6-27 所示。

吸引人的标题，关注当下话题，使用潮流模式

知名人士转发，专业人士推荐，读者轻松分享

图 6-27　小程序带货吸引用户的具体形式

2. 方式二：着重于互动信任感

在小程序中，特别是购物类小程序带货，尽管销售是最终的目标，但是竭泽而渔的方式不可取。在带货的过程中，通过内容与受众建立互动信任感，会更好地实现最终带货目标。互动信任感的具体表现有三点：企业存在感、用户喜爱感、相互信任感。建立起互动信任感的主要意义是经营者与消费者建立关系，从而更好地进行小程序带货。

在建立互动信任感中，经营者可以通过关注小程序的内容质量实现，主要表现在为消费者提供实用、可靠、高质量以及独一无二的内容。

3. 方式三：累积数量增加转化

增加用户转化率对于任何商业性的平台而言都是至关重要的，也是小程序带货中较为具体化的一种形式。累计用户数量增加转化的目标是提升带货文案的转化率，提高产品的销售额。带货人员作为小程序中增加用户转化率的主导者，可以通过以下两点进行转化：

● 了解企业现有客户的满意度；

● 通过对转化率的把握，进行后期布局。

消费者在小程序中通过用户注册、查看信息后，可实现产品购买。

◎ 专家提醒

在开展小程序带货时，可以同时使用不同的带货方法，但是需要根据内容战略进行调整。在选择好内容的营销方式之后，运营者需要持续关注相应的数据来衡量带货的效果，以便根据效果适时对相关内容进一步完善，寻求更适合小程序的带货形式。

★ 6.2.2 内容有效：讲求实用性价值

大众对用户留存率加以关注，主要是以此来判断产品是否有发展潜力。就小程序本身而言，留存率成为衡量其是否健康发展的重要指标之一。

小程序带货的一个根本目的就是提高用户的留存率，获得小程序发展更广阔的空间。在智能手机不断普及的情况下，要获得用户并不容易。目前发展环境下，提高用户留存率的方法主要有五个：

- 建立长期平台；
- 功能垂直深入；
- 打造长期用户；
- 解决关键问题；
- 拓展多方渠道。

阿里巴巴旗下的友盟应用程序统计分析平台对国内大多数智能设备的跟踪监测显示，没有一款 App 在第一周后的用户留存率高于 25%。这意味着大多数 App 的用户留存时间少于一个星期。留存率的计算公式为：留存率 = 登录用户数 / 新增用户数 ×100%，一般统计周期以天为单位。

虽然小程序与 App 之间存在一定的差异，但是两者同为应用，就留存率而言，必然也会出现相似的情况。从 App 运营的经验来看，留存率根据 App 软件类型的不同而有着较大的区别，其中留存率较高的主要是教育类、金融类、生活类；而留存率较低的是主题类、视频类、娱乐类。

不难看出，对用户工作和生活有帮助的 App 往往更容易受到青睐，而一些仅提供休闲娱乐的 App 则难以获得大多数用户的长期认可。这主要是因为对工作和生活有帮助的 App 或小程序可以满足用户的实质需求，而且这种需求还是持续的。

满足用户的实质需求，是一种 App 或小程序在吸引用户之后留住用户的主要因素。因此，无论是 App 还是小程序，要获得成功都需要解决用户一个或几个痛点。

对于小程序运营者而言，想要满足用户的需求，需要提前了解用户的实质需求有哪些。通常来说，用户实质需求可根据用户群体的五大属性进行划分：个体年龄、不同性别、工作类型、地域因素、其他属性。

以女性为例，分析相关垂直性的小程序，比如从内到外解决女性问题等方面痛点，都是实际的需求。以"护肤品随手查"小程序为例，其默认界面如图 6-28 所示。如果用户想要查询有关面膜的信息，点击"面膜"按钮即可进入相应界面。如图 6-29 所示，用户还可以根据自己的肤质查询相应产品的信息。

用户选择完面膜之后，小程序还会提供相应的商城购买服务，将查询与带货联合，不仅抓住了用户的痛点，还实现了产品带货。

图 6-28 "护肤品随手查"小程序默认界面　　图 6-29 "面膜"界面

★6.2.3 详情讲解：全面展示产品信息

全面展现产品信息是抓住用户的第一个技巧，尤其是对购物类小程序而言，对产品的全方位介绍，包括优缺点的介绍都是不可缺少的。如果用户购买之后并不满意，那么其带来的负面效果会影响商家，甚至是小程序的长期发展，也不利于培养长期用户。

图 6-30 所示为"当当购物"小程序中《摄影构图从入门到精通》一书的"图书详情"及"商品详情"界面。

图 6-30 《摄影构图从入门到精通》"图书详情"及"商品详情"界面

⭐ 6.2.4 王牌内容：提高用户留存率

小程序的留存率与其为用户提供的内容有极大的关系，如果运营者能够在小程序中提供其他小程序中没有的，或者对用户具有较强吸引力的王牌内容，那么小程序的留存率自然就会提高。

小程序的王牌内容可以从两个方面打造：一是内容具有独特性和不可替代性，如"K米点歌"作为一个可以连接KTV包厢并可以进行操控的小程序，其功能在小程序中具有唯一性，因此很容易地获得了大量的用户。

二是生产对用户有较强吸引力的内容，比如在购物类小程序中，运营者可以通过限时低价板块的设置，让用户在得到一定福利的同时，舍不得离开小程序，从而提高小程序的留存率。

图6-31、图6-32所示分别为"拼多多"小程序的"限时秒杀"界面和"京东购物"小程序的"京东秒杀"界面。

 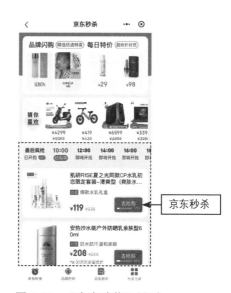

图6-31 "限时秒杀"界面　　　图6-32 "京东购物"界面

这两个小程序之所以能够成为用户排在前列的购物类小程序，除了品牌的影响力之外，秒杀活动可以说是起到了极大的推动作用。因为秒杀活动为用户提供了大量远低于实体店价格的商品，所以用户为了获得相对便宜的商品，会将这两款小程序一直保留，以便在闲暇时快速获取秒杀活动的相关信息，更有小部分用户可能会有时不时查看秒杀活动的习惯。在这种情况下，用户便逐步转化为小程序的粉丝，而小程序的留存率自然而然地得到了保障。

★ 6.2.5　品牌效应：增强用户黏性

采用内容运营小程序是增加用户黏性的主要方式，一般情况下至少包含四个方面：

- 内容的采集创造；
- 内容的呈现管理；
- 内容的扩散传播；
- 内容的效果评估。

通过内容形成的品牌效应去增强小程序的用户黏性需要一个过程，运营者应在这个过程中不断创新和完善自己的产品内容，使小程序的影响力进一步加大。在具体实施上，主要有以下几个步骤。

1. 确定内容方向

小程序品牌效应的初始阶段是整个内容供应链的初始时期。在此过程中，运营者最主要的任务就是确定小程序的内容方向，做好小程序的内容定位。初始阶段具体包括三部分：来源、准备、架构。

来源包括内容的来源、用户的来源；准备包括内容的确定、方向和布置，推广小程序路径的梳理；接着是架构，包括小程序初期的功能、内容板块布置。

2. 打造优质内容

在运营化过程中，运营者需做的就是对内容质量进行甄别，通过优质内容打造平台优势，逐步建立品牌效应。展示内容属于整个运营阶段的一部分，下面重点对整个运营阶段进行全面分析：首先是运营人员承担所有运营工作，运营工作包括内容整合以及同类优质内容选择。整合的方式可以包括三种：话题问答整合、刊物方式整合、用户内容整合。

🎯 **专家提醒**

随着智能化趋势的加强，未来可能会出现自运营模式的小程序。所谓自运营是指通过一些机制和规则的建立，实现用户自主运营。

3. 互动交流传播

运营者与用户进行交流，更有利于小程序内容和品牌的传播，用户的接受能力也更强，从而加深用户对于小程序的信任度和支持度。在与用户互动时，小程序运营者需要把握四个关键点，具体分析如图6-33所示。

图 6-33 内容互动的关键点

⭐ 6.2.6 满足特定需求：增加用户转化率

有特色的小程序需要有剑走偏锋的悟性，比如在工具类领域，一款单纯的计算器小程序很难获得发展，这主要是因为大部分手机中都自带计算器功能，相同的功能下小程序很难有竞争力。但是如果能在计算器的基础上进一步探索，满足特定人群的需求，那么受众转化率也许就会明显提升。

比如，可以开发一款用于放贷计算的小程序。"100房贷助手"是一款用于计算房贷的小程序。图6-34所示为其默认界面。用户只需点击默认界面中的"添加贷款"按钮，便可进入"贷款项目"界面，如图6-35所示。

图 6-34 "100房贷助手"小程序默认界面　　图 6-35 "贷款项目"界面

根据实际情况在"贷款项目"输入相关数据之后，便可快速得出"贷款明细"，如图6-36所示。除此之外，在"贷款明细"界面点击"提前还款"

按钮，还可进入计算提前还款日期的相应界面，如图 6-37 所示。

图 6-36 "贷款明细"界面　　　图 6-37 "提前还款"界面

对于有买房需求和正在为房贷奋斗的人群来说，房贷的计算是一项必要的工作，但是，用一般的计算工具进行计算，相对来说比较麻烦。

"100 房贷助手"作为一款用于房贷计算的工具，操作相对比较简单，而且只需输入少量数据便可获得非常详细的数据。因此，对房贷数据有需求的用户在看到该小程序之后，很容易将其作为必备的工具之一。

> ⊙ 专家提醒
>
> 除此之外，还有一些汇率换算的计算工具。对于喜欢出国旅游的人来说，汇率换算工具非常实用。

6.3　具体实战：小程序的文案带货案例

了解了小程序的内容创作以及粉丝运营之后，究竟如何实现小程序带货呢？在本节中，笔者将为大家带来一些小程序带货的案例，帮助大家更好地进入小程序带货。

⭐ 6.3.1　"朵妈严选"：短短3天时间，卖出80万销售额

"朵妈陪娃"是一个针对幼儿儿童早教的公众号，如图 6-38 所示。

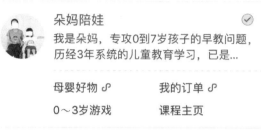

图 6-38　"朵妈陪娃"公众号

该公众号拥有自己的小程序 "朵妈严选"商城，如图 6-39 所示。在"朵妈严选"商城里经常有限时拼团的专场活动，如图 6-40 所示。曾有两篇带货文案利用三天的时间就达到了 80 万元的产品销售额，因为带货效果佳，在后期重新返团了一次。

图 6-39　"朵妈严选"界面

图 6-40　"秒杀拼团"活动

在其小程序中，除了限时拼团以外，还包括"绘本图书""益智玩具""家具好物""美妆个护"四个模块，产品主要针对幼儿以及孕妇。

⭐ 6.3.2 "菜菜美食日记"：超高粉丝黏性，月销售额超千万元

"菜菜美食日记"是一个以美食为主的小程序。"菜菜美食日记"一共有三个小程序，分别为菜菜定制、幸福商城、超值拼团，如图 6-41 所示。图 6-42 所示为"菜菜定制"界面，主要是提供定制的产品。图 6-43 所示为"一口幸福商城"界面，为该小程序主要的商城界面。图 6-44 所示为"超值拼团"界面，主要提供福利产品。

图 6-41 "菜菜美食日记"商城

图 6-42 "菜菜定制"界面

图 6-43 "一口幸福商城"界面

图 6-44 "超值拼团"界面

"菜菜美食日记"小程序的产品平均单价在300元以上，主要经营美食类和厨房用品。除此之外，也有一些美妆洗护、居家生活等产品。该小程序之所以带货量高，主要原因在于其高垂直性。小程序的带货内容十分精准，用户以女性为主，并且黏性高。

📑 6.3.3　"百果园"：日订单峰值超5万，日均到店超2万人

"百果园"是一个专注于销售水果与蔬菜的品牌，分布于多个地区，其总部位于深圳。图6-45所示为"百果园"小程序界面。

图 6-45　"百果园"小程序

"百果园"最初为实体店，但是"百果园"小程序开通后，6个月的累计用户超500万，每日订单量超过5万份，带货能力十分强大。

📑 6.3.4　"汉光百货"：上线一个月，客单价暴增36%

"汉光百货"小程序是一个购物的小程序，如图6-46所示。

虽然是小程序，但是"汉光百货"的使用相当于App，并且还提供许多特色玩法，比如一期闪购活动，消费者可以利用小程序参与闪购，但是只提供自提服务，即消费者出示二维码凭证即可提货。

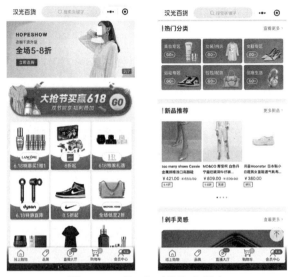

图 6-46 "汉光百货"小程序

　　闪购的产品限购一件，从数量上制造了紧张感和稀缺感，并且价格十分优惠，受到了许多消费者的喜爱。

/第/ 7 /章/

直播带货：时下热门的营销模式

　　直播带货在当下十分火爆，它所获得的收益也是非常巨大的，但是想要做好直播却非常困难。在本章中，笔者将讲述有关直播的带货技巧以及文案话术，主要包括四个方面，分别为带货操作、直播脚本、主播语言和热门主播的带货文案解析。

7.1 入场攻略：了解直播带货如何操作

最近两年直播带货格外火，许多明星也加入了直播带货行业。开通直播的方法非常简单，但是如何利用直播带货、打造爆款直播间却是很多新手的烦恼。在本节中，笔者将为大家讲述直播带货的平台选择、产品把控和带货语言等内容。

■ 7.1.1 选择平台：促进直播带货发展

如果你想要从事直播销售，那么作为一个新手主播，不管是选择单打独斗还是团队合作模式，挑选直播平台都是非常重要的。因为主播在面对无数的观众以及长时间的直播后，很难有充沛的精力再去处理幕后的一系列问题。除了依靠背后的团队解决问题外，挑选合适的直播平台进行合作对于主播事业的发展也是非常有帮助的。另外，了解直播的最新风向，也可以发现、开拓更多的直播运营技巧。

现在市面上的直播平台层出不穷，如何在众多的直播平台中判断、选择出最适合自己的平台非常关键。下面为大家提供几个对直播平台进行分析的方向，如图 7-1 所示。同时选取淘宝直播、抖音直播这两个直播平台作为分析的模板，帮助读者更好地去选择直播机构。

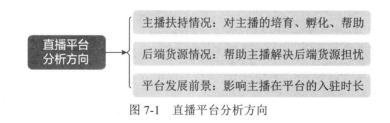

图 7-1 直播平台分析方向

1. 淘宝直播

淘宝作为一个直播平台，一向自带超强的流量和大量忠实的用户，这些都给淘宝平台在发展直播板块方面带来巨大的优势，也无疑给旗下入驻的主播提供了不错的发展空间。

（1）平台对旗下主播的扶持情况

淘宝直播平台，会给入驻淘宝直播的主播们提供丰富的扶持计划，因为淘宝希望通过与其他机构的合作，从而共同培育、打造优质的主播达人账号和内容，以此来促进消费，提高自身价值。主播在入驻淘宝直播平台后，可以在淘宝平台上享受一定程度的资源优势和协助，如图7-2所示。

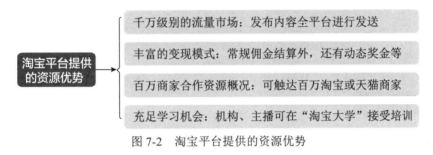

图 7-2 淘宝平台提供的资源优势

（2）平台后端货源情况

淘宝直播供应链的首选，是从事批发生意、自带众多生产工厂货源的线下市场。图7-3所示为拥有多个档口、高产能的广州白马服装市场。

图 7-3 广州白马服装市场

其次就是一些品牌直播基地。品牌直播基地聚合了多品牌商品，凭借这一优势成为淘宝直播供应链的组成部分。

这些品牌直播基地汇集了众多的知名品牌和优质商户，不管在商品样式还是质量上，都有一定的保障，完全可以提供充足的优质货源。图7-4所示为品牌直播基地。

图 7-4 品牌直播基地

想要进行产品带货的读者，可以去一些批发市场寻找货源。另外，许多综合型批发市场会提供不同种类的产品，以满足不同人群的需求。

（3）平台自身发展前景

淘宝直播的发展盛况，可以说是有目共睹，直播这一方式也为商家提供了难得的红利期。从淘宝平台实行的一系列的举措来看，未来电商直播的浪潮将继续翻滚，原因有三点，如图 7-5 所示。

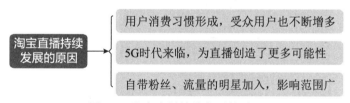

图 7-5 淘宝直播持续发展的原因

从图 7-5 可知，淘宝直播未来的发展仍然强劲。同时，根据现有的趋势来看，在今后的整个淘宝直播中，商家将会成为电商直播的爆发点，商家直播是未来直播的趋势。

2. 抖音直播

抖音作为现在火爆的短视频 App，拥有着大量的用户、流量。抖音的用户数据非常庞大，并且处于不断的上涨状态，整个增长速度都很迅猛。图 7-6 所示为截至 2019 年 7 月抖音的用户人数分析数据。

图 7-6　抖音用户人数分析

作为一款短视频起家的社交 App，抖音已经成为大部分人日常会浏览、点击的 App。随着电商直播的兴起，抖音平台也迅速地跟上步伐，开始大规模地发展直播销售，并且大力增加了平台资源在电商直播功能的投入和管理。

（1）平台对旗下主播的扶持情况

抖音给旗下的主播制定、实施合理的流量优化措施，从而避免中下层次的主播长期得不到流量的局面，同时还制定了专门的新人成长扶持措施，此外还提供多元化的商业服务，帮助主播们进一步扩展自身价值，如图 7-7、图 7-8 和图 7-9 所示。

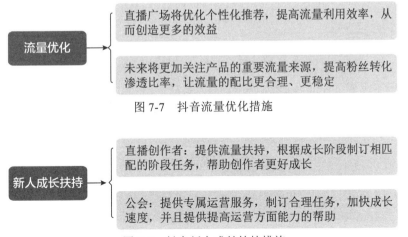

图 7-7　抖音流量优化措施

图 7-8　抖音新人成长扶持措施

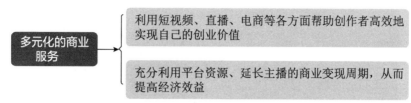

图 7-9　抖音多元化的商业服务措施

在抖音提供的多元化、商业化服务上，抖音平台将会通过专业、系统的方法对资源进行整合，致力于替直播创作者创造提升、发展的空间，从而与创作者一同成长。

（2）平台后端货源情况

在抖音平台上进行服装直播销售，对于货品的来源，暂时有以下三种渠道可以供直播主播选择，如图 7-10 所示。

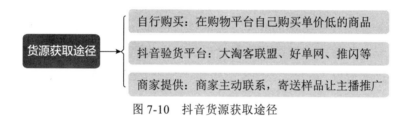

图 7-10　抖音货源获取途径

在三种货源获取途径中，抖音验货平台是现在抖音电商比较常用的货源获取途径。由于抖音电商的兴起，主播们对货源的需求促使了验货平台的出现，它可以省去主播自行去购买挑选的时间，此外，推荐的商品在一些购物网站属于快销、热销产品，质量也有保证。图 7-11 所示为验货平台"滴滴红人"的网页。

图 7-11　"滴滴红人"的网页

（3）平台自身发展前景

由于抖音平台的特性，直播主播在抖音平台做直播销售，有着绝对的优势。

● 强大的平台流量

截至 2020 年 4 月，抖音在手机应用商店的安装量高达 85.8 亿次。抖音直播的发展，将会因这庞大的用户人数，而拥有充裕的流量市场和强大的发展后盾。

● 直播和短视频双管齐下模式

抖音最开始就是通过短视频起家，到如今很多主播都是直播、短视频两面发展。如此一来，只要主播的短视频得到平台推荐，直播的时候就能涌入大量用户，更有利于短视频涨粉、直播变现。

★ 7.1.2 把控产品：保证优质带货货源

对于从事直播带货的主播来说，进行产品展示和介绍这个环节是关键的。主播通过对产品的介绍，向观众展示产品使用效果、产品的质地、产品的优势等情况，从而吸引他们的注意力，使他们产生购买的想法。图 7-12 所示为美食带货主播的直播间，从画面中可以看到主播展示了众多美食产品。除此之外，主播还对消费者的疑问一一进行了解答。

图 7-12 美食带货主播直播间

成功带货的关键，除了主播的影响因素之外，产品的因素也至关重要。产品是直播销售中的主角，也决定着直播间的生命年限。

由于直播销售发展得越来越快，机构和主播对于货源的需求也与日俱增，从而促进了一大批产品产业链的发展。图 7-13 所示为童鞋供应档口。

图 7-13　童鞋供应档口

虽然提供货源给机构、主播的产品基地数量繁多，在一定程度上保证了货源的充足，但是主播和机构想要在直播带货行业长期发展下去，就需要对货源的质量严格把关。和在网上购物一样，顾客虽然完成了对产品的下单行为，但是一旦产品的质量、效果等不符合他们心中所想，便极有可能会影响他们对店铺的印象以及再次购买的意愿。图 7-14 所示为消费者的心理分析。

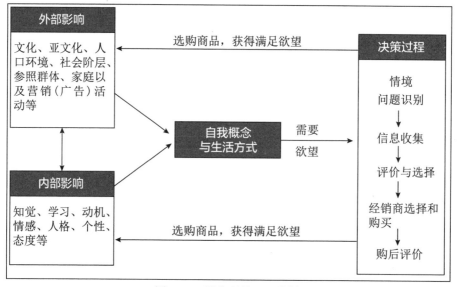

图 7-14　消费者的心理分析

这种一次性购买行为，对于商家来说，不仅无法获得忠实的客户，还可能由于消费者的差评，导致商家形象受损，从而影响更多消费者的判断。图7-15所示为用户购买的决策流程。

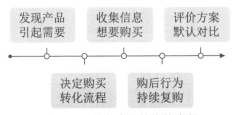

图 7-15　用户购买的决策流程

如果想让消费者复购，使普通消费者转变成忠实客户，那么最关键的就是商家所提供的商品可以让消费者满意、喜欢。

现代人常常有一种习惯性的购买行为，简单来说就是消费者在多次购买后会形成习惯性的反应行为，当他在选择某种产品时，总是会倾向于曾经购买过的产品。这表明，只要产品让顾客有依赖感、信任感，那么顾客再次下单的概率就非常大。

虽然现在直播行业中，同类竞争的压力很大，但是市场需求量仍然很高。对于从事直播带货的主播来说，只要自己的货源好，款式多样，可以满足消费者的需求，那么消费者出于习惯和信任的心理作用，在关注主播直播间后，很容易在同一间直播间购买产品，甚至消费者愿意无条件地跟着主播来买买买，让主播的直播间转化率直线上升。

★7.1.3　带货语言：搭建专业的直播间

寻找好直播的货源之后，如何从直播带货文案中塑造出专业的直播间效果呢？首先，在直播开始阶段，主播可以介绍一下自己以及店铺的名称、店铺主要经营的产品，也可以讲述一下店铺的业绩。介绍的时间可以把控在20分钟左右，最好在直播之前，事先记住介绍内容，以免在介绍时忘记了重要信息。另外，讲述的语速最好平缓，让听众能够仔细听清内容。

接下来，可以通过与用户互动，活跃直播间气氛。例如利用关键字抽奖，调动用户的参与感以及积极性，在抽奖的同时可以邀请用户关注直播间。此外，也可以邀请新进用户关注主播领取优惠券。

之后进入本次直播的重点环节——带货阶段，向用户介绍本次直播的产品，虽然在直播预告中已经展示过产品，但是直播中的介绍会更加全面详细。另外，在进行产品介绍之前，可以先告知消费者该产品的优点，然后再展示产品。

除了讲解产品优点以外，对于产品来源的渠道也可以进行讲解，例如产品属于自创品牌还是连锁品牌等。这一系列的介绍都是为了让消费者对品牌建立信任感。

主播在介绍产品的同时，可以穿插着进行福利抽奖活动，调动直播间气氛，同时还应邀请消费者多多关注直播间。

7.2　套用模板：运用直播策划脚本

了解直播带货之后，该如何进行直播策划呢？在本节中，笔者将为读者提供一套直播策划模板和带货文案话术参考。

🔖 7.2.1　整体大纲：确保直播间有序进行

主播要想拥有一份完善、完美的直播脚本来使自己的直播带货顺利进行，首先就要了解直播脚本涉及哪些方面或者说有什么具体要求。下面，笔者将向读者介绍一下有关直播脚本的信息，帮助读者更好地了解直播脚本。

在进行直播脚本策划前，我们需要明白和了解直播脚本的方向，主要分为直播主题（话题）和直播目的两个方向。当然，直播主题和目的都是希望能够让主播顺利地进行直播工作。

主播可以进一步了解直播主题（话题）和直播目的所涉及的内容，从而帮助自己更好地理解直播脚本内容。图 7-16 所示为直播脚本方向。

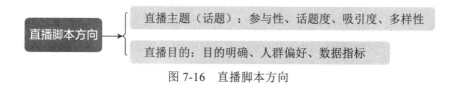

图 7-16　直播脚本方向

1. 直播主题（话题）

首先，直播主题（话题）要尽量选择观众参与度高的话题，让主播在日常带货的过程中，能够穿插不同的话题和粉丝进行讨论和互动；其次，还需具备吸引度，因为主题必须要能吸引顾客、粉丝的注意力；最后，需要注意主题多样性的选择，指主播设置分享话题的时候，可以采取不同的表达方式。

2. 直播目的

直播目的明确，就是让工作人员和主播在开播前清楚地知道这场直播是为了什么，例如是新客福利还是周年庆清仓。了解直播的主要目的是为了更好地选择带货时的话术以及带货方式。

除此之外，主播还需要了解产品的人群偏好，即产品受众群体的类型，这样就可以在设置直播间活动的内容选择上有所偏重。如果主播的粉丝人群是 20 岁上下的年轻女性，那么主播在发送粉丝福利的时候，可以选择这个年龄层更加能接受的东西，例如口红、香水之类，这样才能引起粉丝们的关注。

此外，数据指标可以让主播了解直播带货的点击率、互动率等，然后根据这些指标分析这场直播的带货效果是否优秀。

▧ 7.2.2　直播策划：确定直播中职能分配

当机构和主播确定好直播脚本的方向后，为了使整场直播更好地进行，就需要制定出清晰而明确的活动策划方案。这样能够便于工作人员对活动方案有一个明确的认知，以及判断它的可操作性。在这个部分，需要让所有参与直播的工作人员清楚地了解活动策划的类型、要点以及产品的卖点、直播间的节奏，进而更好地进行直播带货工作。

1. 活动策划要点

脚本策划人员在制作脚本的时候，可以根据实际的情况，考虑一次制作完一周的直播间脚本策划，这样便于主播、工作人员进行时间安排，同时也能使一周的直播任务上下衔接清楚。临时做脚本策划的话，会有很多事情没有办法考虑周全。

除此之外，在做直播脚本的时候，可以把活动策划的点细分到主播在直播间的每个时间段，如图 7-17 所示。这样可以避免出现主播在直播间进行产品展示时，因介绍速度过快而导致整个直播节奏被打乱，以及忽略与粉丝沟通和互动的状况。

时间点	直播模块	模块说明	福利发放	互动说明
20:00 — 20:10	与粉丝日常交流	寒暄&日常答疑	关注红包3个	欢迎+点爱心+邀请关注
20:10 — 20:40	新品介绍	全方位展示商品	/	鼓励粉丝转发直播
20:40 — 21:00	限时特价活动	活动介绍买二送一	店铺优惠券/抽奖送礼	福利领取指导

图 7-17　脚本策划里具体时间段的策划

2. 活动策划类型

活动策划的类型有以下两种。

（1）通用、基础活动

这种活动力度属于中等程度，主播可以单日或长期重复结合。活动形式有新人关注专项礼物、抢红包雨、开播福利、下播福利等。

在直播中，不同的时间段具体有什么活动，都需要在脚本中明确，这样主播才可以从容地对观众、粉丝进行引导，达到增加观众、粉丝停留的时间，从而提高直播间的流量。

（2）专享活动

专享活动力度一般较大，可以设置成定期活动。比如主播固定进行每周 1 元秒杀、周二拍卖等，或其他类型的主题活动。

这种大力度的周期活动不要求每天都进行，但活动力度一定要大，这样才可以刺激观众、粉丝的参与度，活动的数量则可以根据当日直播间的在线人数来确定。同时，由于这种活动的吸引力度很大，可以促使观众记住这个直播间。图 7-18 所示为直播间的专享活动。

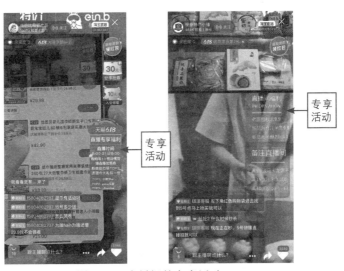

图 7-18 直播间的专享活动

3. 产品卖点和节奏

直播间的商品可以分为爆款、新品、常规、清仓这几种类型。主播需要对不同类型的商品进行要点提炼，同时要在直播脚本上安排固定的时间段来进行商品推荐和商品讲解步骤，这些都需要注意。

如果是化妆品类的带货产品，主播还需要不断地补充相关的美妆技巧，帮助用户更好地了解和使用该产品。另外，如果主播在开播前不熟悉直播间流程和商品信息，那么就容易让主播在直播间陷入一种尴尬冷场的局面，也就失去了直播过程中该有的商品推荐、销售节奏。

★7.2.3 卖点展示：表达带货产品的优势

产品卖点是产品优势、特点，是顾客选择卖家产品的理由。卖家可以想一想，和别家的产品相比，自家的竞争力和优势的点在哪儿？

在销售过程中，用户或多或少会关注带货产品的某些特点，并在心理上认同该产品，在可以达成交易的最佳时机点上，产生购买行为。这些促使直播变现的产品特点也就是产品的核心卖点。

找到卖点就是让产品可以被消费者接受，并且认可其利益和效用，最后达到产品畅销和建立其品牌形象的目的。由此，对于商家来说，找到产品或服务的卖点,不断强化和推广,通过快捷、高效的方式,将卖点的信息传递给顾客是非常重要的。图 7-19 所示为美食类的直播。带货的产品是茶叶,其主要卖点是产品的高质量以及产品的优惠价格。

图 7-19　美食类直播

主播在直播间进行带货时,要想让自己销售的商品获得不错的成交率,就需要满足目标受众的需求,而这是需要通过挖掘卖点来实现的。如果在满足目标受众需求的对比中体现不出优势,那卖点也不能称之为卖点了。想要使商品最大化地呈现出它的价值,主播就需要学会从不同的角度来挖掘和讲述产品的卖点。

1. 产品风格

如果是服装直播,主播可以根据款式的风格,设计出一些新颖的宣传词,从而吸引粉丝的注意力。例如:"麻混纺衬衫式连衣裙,既可以作为外套披搭,也适合打造清爽舒适的日常穿搭""麻混纺半开领上衣,斯文休闲两相宜,搭配出众的半开领上衣"。通过合适、恰当的宣传语,可以激发顾客的好奇心,向往宣传语中营造的服装效果,从而下单购买。

2. 产品质量

产品质量关系到顾客的满意度。大部分人来选择购买产品时,都会考虑产品的质量。对于大多数人来说,质量的好坏与否,决定了他们是否下单,以及是否愿意再次购买。

随着流水线生产模式大规模的发展运行，产品的质量无法得到保证，部分商品的质量欠佳。例如服饰会出现褪色、起球等影响服装穿着效果以及穿着时长的问题；化妆品会出现假冒、损伤皮肤、含有添加剂等问题，使得消费者对于产品的质量问题特别关注。

同时，随着社会的不断发展，人们的收入增多、消费能力增强、消费需求发生变化，对产品的要求开始追求质感，于是现代人对于质量有了另一种要求。

比如在服饰的购买上，顾客除了关注服饰的实用性、耐用性外，也开始注重考虑服饰能不能让自己穿得自在、舒适。为此，很多的服装品牌、商家会在直播带货时，除了展现产品的外形特色，还会注重其质量方面的表达。

主播在挖掘产品卖点的时候，可以尽情地向观众、粉丝描述产品的质量情况。例如，某款衬衫可以体现穿着者的优雅气质，而且衬衫不易起皱，不用费时打理；某款裙子质地轻薄，非常轻盈，特意搭配内衬，不易走光。

另外，在美妆产品上，主播可以挖掘产品的使用感。例如对于粉底液的带货，主播可以推崇其使用时妆感自然，具有"奶油肌"的妆面效果，并且超长带妆，24 小时不脱妆等。

3. 流行趋势

流行趋势就代表着有一群人在追随这种趋势。主播在挖掘产品的卖点时，可以结合当前流行趋势来找到产品的卖点，这一直是各商家惯用的营销手法。

例如，从 2020 年 6 月 1 日起，公安部要求各地稳妥推行"一盔一带"的安全守护活动。头盔成了众多网友所抢购的物品，不少店家开始销售头盔。在 2020 年 5 月，地摊经济突然火爆全网，不少店家在进行带货时，文案中都借助了"地摊经济"这个热点词汇。

在夏季的服饰颜色中，莫兰迪色系在市面上开始大规模流行。主播可以在产品的带货中标注莫兰迪色标签去吸引消费者的关注。夏天来临，女性想展现自己性感身材的时候，对于一字肩款式的服装可以在卖点上突出"展现好身材"的效果。

4. 明星同款

明星同款，显示了名人所产生的吸引群体注意力、强化事物形象、扩大影响范围的现象。大众对于明星的一举一动都非常关注，希望可以靠近明星的生活，得到心理的满足。这时，明星同款就成为服装非常好的一个宣传卖点。

名人效应早已在生活中的各方面产生了一定的影响，例如选用明星代言广告，可以刺激大众消费；明星参与公益活动项目，可以带领更多的人去了解、参与公益。名人效应就是一种品牌效应，影响力很强。

主播只要在带货过程中强调明星同款，利用名人的效益来营造、突出产品的卖点，就可以吸引消费者和粉丝的注意力，让他们产生购买的欲望。

5. 原创设计

知名服装设计师所设计的服装，每一次有设计的新产品面世，都能吸引大家的目光。对于大众来说，知名设计师所设计的服装，在一定程度上就是代表着流行、经典、出色。除此之外，也代表着设计师的一种人生态度和人生经历。

消费者出于对设计师个人的崇拜、追随以及信任，往往乐于去购买，甚至出现抢购现象。所以，主播在挖掘服装的卖点时，如果这款服饰是设计师款，或者说设计师同款，就可以着重突出这一标识。虽然非知名设计师，但是自家产品属于原创设计类，主播在带货过程中，也可以强调自家产品的原创性。

6. 消费人群

不同的消费人群对于产品的关注、需求点不同，主播在面对这种情况时，就需要有针对性地突出强调带货产品的卖点，从而满足不同顾客群体的需求。

例如就裙装来说，成人服装款式需要在卖点上突出服装的美观性、多功能性；而对于童装服饰，则要突显其可爱的设计和风格，卖点宣传上会偏向于服装的实用性以及舒适性。在进行护肤品的带货中，可以依据不同使用人群的肤质进行区分带货。例如某产品适合什么样的肤质，这时此种肤质的粉丝就会自行对号入座，进而提高带货产品成交率。

7. 出色细节

主播在进行服装直播带货时，可以着重讲述服装款式上比较出色的设计部位，这种细节往往可以吸引消费者的目光，打动消费者的心，使他们产生购买欲望。

由于服装穿在身上，很难把服装的细节特色展现出来，这时就可以通过拍摄照片对服装的细节之处进行醒目的展示，这是利用消费者希望自身的形象更加有特色和有新颖感。同时，让追求细节的消费者看到想要的细节展示。

比如，在直播时，主播拿到服装后，发现服装的某个设计特别好，想展现给屏幕前的粉丝看，吸引他们的注意力；或者有粉丝提出，想看主播身上服装的某个细节部位。这时，为了激发粉丝的购买欲望，满足顾客提出的需求，就可以采取直接靠近镜头的方式，把服装的特色设计展现出来，以此形成卖点。

拉镜头的方法同样适用其他产品直播，例如鞋类，主播可以通过展示试穿的镜头特写或者在镜头面前放大展示产品的材质、设计等细节。

★7.2.4　直播话术：帮助直播间节奏把控

在本小节中，针对一些观众常问及的问题笔者将总结解答示范，以便更好地帮助主播应对直播间的提问，确保直播带货的进行。

1. 一号宝贝试一下

第一个常见的提问为"一号宝贝试一下"，也可以要求主播试穿或者使用某产品。面对这一类型的提问，说明用户在观看的时候，对该产品产生了兴趣，需要主播示范，所以提出使用的要求。如果是在服装直播中，粉丝要求主播试穿某款牛仔裤，主播可以询问有没有上衣要求，如果没有的话，可以回答"稍后马上去帮您试穿"。有时候观众还会要求主播对上衣和裤子搭配试穿。如果产品是主播已经试穿过的，那么可以直接说明点击下方商品详情中的"看讲解"，进行直播回顾。

2. 主播多高多重

第二个常见的问题是问主播的身高、体重，在直播间界面中，通常会显示主播的身高、体重信息，但是有的观众没有注意到，这时主播可以告诉他们数据，并且提醒用户界面上方有信息，有其他的问题可以继续留言。

3. 个子不高能穿吗

第三个问题是观众在直播间问主播："个子不高能穿吗？"对于这类问题，

主播可以要求用户提供具体身高、体重信息，再给以合理建议；或者询问用户平时所穿的尺码，例如连衣裙，可以说"标准尺码，平时穿 L 码的用户，可以选择 L 码，也可以自行测量一下自身的腰围，再参考裙子的详情信息比对，选择适合自己的尺码"。

4. 主播怎么不理人

有时候粉丝会问主播，为什么不理人，或者责怪主播没有理会自己，这时候主播需要安抚该用户的情绪，可以回复说没有不理，并且建议用户多刷几次。如果主播看见后，没有安抚的话，可能会失去这个客户。

5. 询问详情

还有一个常见问题是用户观看直播时，并没有看商品的详情，并询问是否可以优惠，主播可以建议他们咨询客服，领取优惠券，可享受优惠价。

★ 7.2.5　福利活动：告知消费者优惠信息

送福利的方式对用户在观看直播时快速下单有很好的效果，因为这很好地抓住了用户偏好优惠福利的心理。

在直播中，主播为了最大程度吸引用户购买产品，会推出各种福利，比如打折、福袋、秒杀等。图 7-20 所示为利用"拍下立减 X 元"福利的直播间。用户如果觉得合适，就可以在直播页面的下方点击产品链接，直接下单，如图 7-21 所示。

在以"福利"为主题的直播间中，主播会使出浑身解数进行促销讲解。首先是全面为用户介绍产品的优势；其次是主题上标明"品牌""一折"等的关键字眼，引起用户的注意；最后可能会直接在直播中送超值礼品、购买福利等。经过这些努力，观看直播的用户会越来越多，流量也会不断转化为销量。

一般的企业、商家在上新时都会大力宣传产品，还会采用买新品送福利的方法，这样用户不仅会对新品充满无限期待，还能毫不犹豫地下单，从而摆脱了由于新品价格高昂而感到望而却步的烦恼。

图 7-20　利用"拍下立减 X 元"福利的直播间　　图 7-21　直播中的打折产品

除此之外，在打折、清仓的时候同样也适合采用送福利的方法，这种方式能更大程度地调动用户购物的积极性。清仓优惠谁会舍得错过呢？直播开场白也可以用抽奖的形式开始，吸引用户关注，并且在直播间内可以选择配置较高的礼品进行抽奖，让用户不忍心错过。同时在直播间中，也可以不定时反复进行优惠券抽奖。

专家提醒

此外，在直播中给观看的用户发送优惠券也会吸引用户。人们往往都会对优惠的东西失掉抵抗力，像平时人们总会愿意在超市打折、促销的时候购物一样，用户在网上购物也想获得一些优惠。

送优惠券的方式分为三种，如下所示：

- 通过直播链接发放优惠券；
- 在直播中发送优惠券；
- 在直播中抽奖送礼物。

7.2.6　对比差异：目的突出产品的优势

"没有对比就没有伤害"，买家在购买商品时都喜欢"货比三家"，最后选择性价比更高的商品。但是很多时候，消费者会因为不够专业而无法辨认产品的优劣。这时候主播在直播中就需要通过与竞品进行对比，以专业的角度，向买家展示差异化，以增强产品的说服力以及优势。

对比差异在直播中是一种高效的方法，可以带动气氛，激发用户购买的欲望。相同的质量，价格却更低，那么直播间一定销量大。这种对比最常见的是大牌店铺的直播，将直播间的价格与平时售价进行比较。

7.3 表达到位：让主播成为直播带货达人

直播最大的特点之一是具有强互动性。因此，在直播带货中，主持人或者主播的文案好坏对直播间的影响重大。那么，如何培养、提高直播文案能力呢？本节，笔者将为大家简要介绍一些直播文案话术，以供需要直播带货的读者参考。

★ 7.3.1 提出问题：满足消费者痛点需求

如何在直播中提出问题？以电商直播为例，在介绍产品之前，主播可以利用场景化的内容，先表达自身的感受和烦恼，与观众进行聊天，进而引出问题，并且让这个问题在直播间持续下去。

例如夏天即将到来，消费者都面临着防晒以及一天之后脸部妆容容易脱妆的烦恼，主播就可以抛出这个问题。首先，主播讲述夏天天气如何热，脸部出油的状况，一天过后，鼻翼附近或者脸部 T 区出油明显，粉底脱妆等问题。这些问题是为了更好地引出带货产品，例如质地清爽的防晒霜，妆感持久的粉底液以及维持长效妆感的定妆喷雾等产品。

★ 7.3.2 放大问题：强调用户易忽视的细节

在提出问题之后，不建议直接引进产品，而是应该将问题尽可能全面、放大化。例如美妆产品的直播，以防晒产品为例，主播可以将防晒的重要性以及不做防晒的危害适当夸张，例如紫外线会加速衰老等。

⭐7.3.3　引入产品：利用产品来解决问题

完成上述过程之后，进入引入产品解决问题的环节。首先，主播可以总述解决这些问题的方法有哪些。比如，减肥通常是大多数女生会讨论的一个话题，但如何健康减肥？方法有许多，主播可以从不同的角度进行讲解，例如从饮食上进行适当控制，或者进行有效运动等，可以具体讲解有哪些运动，并有针对性地引入健身产品，例如泡沫轴等。

⭐7.3.4　提升高度：增加带货产品附加值

引出产品之后，还可以对产品从以下几个角度进行价值提升，如图7-22所示。

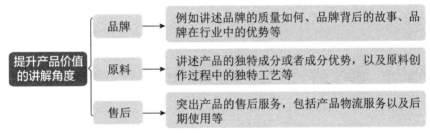

图 7-22　提升产品价值的讲解角度

⭐7.3.5　降低门槛：让消费者即刻去下单

最后一个方法是降低门槛，讲完优势以及提高产品价值后，主播应该让所有观看直播的用户尽可能知晓本次购买的福利，例如超值优惠券的发放。在优惠券的领取上，可以有多种方式，比如关注直播间、下单备注。

除此之外，还可以利用下单后进行抽奖的方式。还有一些主播则是直接反复强调直播间的优惠价格，并将直播间购买价格与平时旗舰店购买价格进行对比。

许多直播间界面会显示直播间福利提醒，例如"关注主播减 × 元""下单备注赠送 ×× 物品"，如图7-23所示。

图 7-23　福利提醒

7.4　案例解析：全面提高直播带货能力

本节将介绍一些直播带货实力超群的达人案例，分析他们直播带货的文案特点，帮助正在进行直播带货的读者提高带货能力，打造爆款直播间。

7.4.1　李佳琦：5.5小时获得353万元成交额的"口红一哥"

李佳琦是直播的带货达人，同时也是"口红一哥"，以及30秒涂口红次数最多的吉尼斯纪录保持者。图 7-24 所示为李佳琦淘宝直播主页的直播回放以及直播内容。

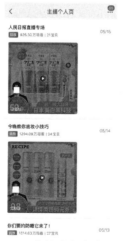

图 7-24　李佳琦淘宝直播主页的直播回放以及直播内容

在李佳琦的直播带货中，最让人印象深刻的是他的口头禅以及夸张的语言、动作。但是，他对产品的介绍文案都是经过深思熟虑的，并且围绕产品的优点进行展开，让用户清楚地了解产品的优势。看过李佳琦直播的用户，可以发现他的直播文案都是场景化的文案，并且具有形象、具体的特点，例如"显白到爆炸""啊！好闪，5克拉的嘴巴""这支唇膏在嘴巴上会跳舞"等。

★ 7.4.2 "烈儿宝贝"：4个小时直播卖出3000多万元大衣

"烈儿宝贝"，在淘宝直播排行榜上仅次于李佳琦，从这里我们可以看出"烈儿宝贝"在直播领域中的地位。在直播行业之外的平台上，"烈儿宝贝"虽然在公众知名度上稍逊李佳琦，但是只要稍微了解一下她的带货数据，便会不由自主的感叹道：果然是直播排行榜上的前三主播。图7-25所示为"烈儿宝贝"举办的"烈儿粉丝节"活动。

图 7-25 "烈儿粉丝节"活动

"烈儿宝贝"全年的销售额突破20亿元，拥有粉丝人数415万，而在"烈儿宝贝"直播带货的记录里，最强的数据便是她在一场4个小时的直播中，卖出了3000多万元的大衣商品。这次直播带货，也成为"烈儿宝贝"打响自身知名度的关键事件。

/ 第 / 8 / 章 /

抖音带货：流量在哪里，商机就在哪里

抖音作为时下热门的应用，已经成为很多人闲暇时用来解压的工具，那么如何利用抖音带货呢？本章将为读者介绍打造抖音带货文案的技巧，分为四部分：一是抖音种草短视频的带货要点；二是抖音文案的写作；三是文案中所要避免的错误；四是抖音带货的案例解析。

8.1 **带货要点：将抖音种草短视频作用发挥最大**

许多刚开始接触抖音带货的新手可能会遇到很多问题，不知道如何进行带货，也不知道如何选品以及涨粉。在本节中，笔者将为读者讲述抖音种草短视频的带货要点，帮助读者轻松进行抖音带货。

★ 8.1.1 要点一：清晰的视频框架

短视频的内容是抖音带货的重点，也是吸引用户的关键点。一个优质的短视频内容可以为博主带来高点击率和高完播率，那么如何打造优质的视频内容呢？首先需要制作一个清晰的短视频带货框架。

抖音带货类短视频时长一般在 15 秒左右，可以将其分割成四步：首先是抓住用户；其次是描述产品；再次是铺设卖点；最后是促进成交。这四步就是带货短视频的基本框架。

制定好基本框架之后，就需要填充内容。在内容中可以运用一些技巧，让视频具有亮点。短视频的亮点可以从以下两点制造：

（1）模仿热门剧情或者热门的梗；

（2）夸张的剧情。

其中，文案的添加可以帮助短视频的观看者更好地了解你的视频内容。优质的带货文案可以吸引住用户，从而提高短视频的转化以及成交率。

★ 8.1.2 要点二：原创的种草视频

所谓原创短视频种草是指博主在短视频内分享自己体验感较好的产品，达到促进别人购买的一种行为。

在进行短视频种草之前，首先需要进行抖音养号，养号的目的就是提升用户抖音账号的权限。随着抖音平台的发展和成熟，抖音对于平台内短视频的质量进行了筛选，对于存在大量的搬运、伪原创的短视频营销号将进行打击和封禁。因此，抖音养号可以确保想要进行种草的用户获得更多的流量以及曝光。

养号的用户相较于不养号的用户来说，作品的审核时间更短，发布成功率更高，获得的粉丝更精准，播放率更高，带货产品的销售额也更高。那么，用户该如何养号呢？简单来说，就是一个手机注册一个号码进行登录。

养号后，接着需要进行原创种草视频的创作，以下是原创短视频的创作方式。

第一种方式，实行垂直领域的种草。例如，一个叫"种草大户萌叔Joey"的抖音博主，其短视频内容主要是通过对产品进行测评，并且会用博主特有的幽默方式表达，还会有其标志性的"鹅鹅鹅鹅"鹅式大笑。还有一个叫作"步步成熊"的博主，短视频内容主要是先通过私信观看网友推荐的产品，然后再进行试用。在他的每个视频上都会标有"第 × 个产品"的文案。总而言之，此类种草短视频具有以下特点，如图8-1所示。

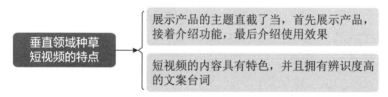

图 8-1　垂直领域种草短视频的特点

第二类种草短视频主打产品测评，主要分为两类，如图8-2所示。

图 8-2　测评类种草短视频的类型

第三类种草的视频为剧情种草，主要通过特定的故事内容来吸引用户。

这类短视频一般具有剧情反转的特点，带货脚本的框架主要是开头＋产品引入＋剧情反转＋结尾。其中，反转的地方通常会关联产品，而关联性又分为强关联和弱关联。具体分析如图8-3所示。

图 8-3　剧情与产品关联性特点

⊙ **专家提醒**

　　剧情类种草短视频主要适合团队运营，如果是个体运用的话，所需要的成本和精力耗费较大。

⭐ 8.1.3　要点三：优质的视频文案

　　想更高效率、更高质量地进行抖音短视频带货，还需要学会玩转文字，让表达更合抖音用户的口味。文字要通俗易懂，能够做到雅俗共赏。这既是创作文案文字的基本要求，也是在文案创作的逻辑处理过程中，写手必须掌握的思维技巧之一。

　　从本质上而言，通俗易懂并不是要将文案中的内容省略掉，而是通过文字组合展示内容，让抖音用户在看到文案之后便心领神会。图 8-4 所示为李佳琦的短视频封面文案。这些文案的文字特色就是通俗易懂，让抖音用户一看就能明白短视频将要讲哪方面的内容。

图 8-4　李佳琦的短视频封面方案

　　成功的文案往往表现统一，失败的文案则原因众多。在失败的原因中，文字的多余是失败的主因，其导致的结果主要包括内容毫无意义、文字说服力弱和问题模棱两可等。对此，最为直接的方法就是将其删除，这也是强调与突出关键字句最为直接的方法。图 8-5 所示为抖音的带货文案，它直接告诉抖音用户"618 薅羊毛攻略"，而没有其他多余的内容。

图 8-5　抖音的带货文案

　　删除多余的内容对于广告文案来说，其实是一种非常聪明的做法：一方面，重点内容更加突出，让用户能够快速把握视频所传达的意图；另一方面，内容将变得更加简练，能够节省短视频时间，让用户快速看完，而不产生反感情绪。

　　专业术语的实用性往往不一，但是从文案写作的技巧出发，往往需要将专业术语用更简洁的方式替代。专业术语是指特定领域和行业中，对一些特定事物的统一称谓。在现实生活中，专业术语十分常见。例如在家电维修业中对集成电路称作 IC；添加编辑文件称加编；大企业中称行政总裁为 CEO 等。

　　专业术语的通用性比较强，但是文案中往往不太需要。相关的数据研究也显示，专业术语并不适合给大众阅读，尤其是在快节奏的生活中，节省阅读者时间和精力，提供良好的阅读体验才是至关重要的。

　　当然，减少术语的使用量并不是不能使用专业术语，而是要控制使用量，并且适当对专业术语进行解读，让受众知道文案中专业术语表达的意思，把专业内容变得通俗化。

　　文案主题是整个文案的生命线。作为一名文案创作人员，其主要职责就是设计和突出主题。所以，以内容为中心，要花时间用心确保主题的真实价值。整个文案的成功主要取决于文案主题的效果。

　　在文案中，中心内容应突出、醒目，语言简洁。在广告类文案中，有时甚至只有一句话。需要注意的是，写手要想突出文案的中心内容，还要提前对相关的受众群体有一个定位，比如一款抗皱能力突出的衬衣，其相关的定位应该从三个方面入手，如图 8-6 所示。

图 8-6 衬衣文案的内容定位

除了醒目的中心内容之外，文案中的重点信息也必须在一开始就传递给受众，但是因为写手能力的不同，文案产生的效果也会有所差异。优秀的文案应该是简洁、突出重点，适合产品、适合媒介、适合目标群体的，形式上不花哨，更不啰唆。

在文案创作的思路中，常用的主要有归纳、演绎、因果、比较、总分和递进等，其中应用最多的是归纳、演绎和递进三种，如图 8-7 所示。这三种写作思路同样都遵循循序渐进的基本要求。

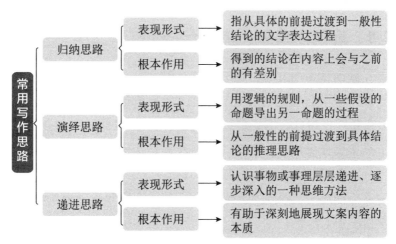

图 8-7 常用写作思路的相关分析

控制字数，主要是将全部的字数控制在一个可以接受的范围内，这是首要的作用。除此之外，就是创造一定的韵律感，这种方式在广告类的文案中比较常见。

控制段落字数，同样有突出文字内容的作用，在长篇的文案中采用较多，主要是起到强调的作用。让整篇文案显得长短有致，这同样考验了文案写手的能力。

用一句话作为单独的文案，突出展现内容是文案写作的常用技巧。一句话的模式能够突出内容，使呆板的文案形式变得生动。如果突然出现一句话成为单个段落，读者的注意力就会被集中过来。

在文案中，更为常见的就是一句话式的广告文案，文字精炼，效果突出，甚至不需要前期的大段文字铺垫，就能够吸引读者的兴趣。

8.2 重点写作：打造爆款抖音短视频文案

文案是商业宣传中较为重要的一个环节，优秀的文案具备强烈的感染力，能够给商家带来数倍的收益和价值。在信息繁杂的网络时代，并不是所有的文案都能够获得成功的，尤其是对于缺乏技巧的文案而言，获得成功并不是轻而易举的事情。

从文案写作的角度出发，文案内容的感染力来源主要分为五个方面。这一节笔者将对文案写作的相关要求进行解读。

■ 8.2.1 规范化写作：获得大众认可

随着互联网技术的发展，每天的信息量是十分惊人的。"信息爆炸"的说法主要就来源于信息的增长速度，庞大的原始信息和更新的网络信息通过新闻、娱乐和广告信息等传播媒介，作用于每一个人。

对于文案创作者而言，要想让文案被大众认可，能够在庞大的信息流中脱颖而出，那么需要做到的就是准确和规范。

在实际的应用中，准确和规范是对于任何文案写作的基本要求，具体的内容分析如图 8-8 所示。

准确规范的文案写作要求	
	文案中的表达应该较规范和完整，避免语法错误或表达不清
	避免使用产生歧义或误解的词语，确保文字的准确
	不能创造不易理解的词汇，文字表达要符合大众语言习惯
	以积极引导、传播正能量为主，内容不能低俗和负面

图 8-8　准确规范的文案写作要求

⚑ 8.2.2 结合热点：获得更多短视频热度

热点之所以能成为热点，就是因为有很多人关注，把它给炒热了。一旦某个内容成为热点之后，许多人便会对其多一分兴趣。所以，在文案写作的过程中如果能够围绕热点打造内容，便能起到更好地吸引抖音用户的目的。图 8-9 所示为围绕热点打造的"给男朋友兄弟夹菜"挑战短视频。

图 8-9 "给男朋友兄弟夹菜"挑战

🎯 **专家提醒**

在抖音搜索栏中，会提供热点榜，用户可以通过此榜单查看热点视频。另外，在抖音"推荐"模块，也常常可以看见当前流行的热门视频，用户可以根据这些视频进行模仿拍摄。

⚑ 8.2.3 立足定位：精准赢得消费者关注

精准定位同样属于文案的基本要求之一，每一个成功的广告文案都具备这一特点。图 8-10 所示为女装的两个广告文案。

这两个广告文案的成功之处就在于根据自身定位，明确地指出了目标消费者是微胖女生，能够快速吸引大量精准用户的目光。对写手而言，要想做到精准的内容定位，可以从四个方面入手，如图 8-11 所示。

图 8-10　女装的两个广告文案

精准内容定位的相关分析

简单明了，以精炼的文字表达出产品精髓，保证广告信息传播的有效性

尽可能地打造精练的广告文案，用于吸引受众的注意力，也方便受众迅速记住相关内容

在语句上使用简短文字的形式，更好地表达文字内容，也防止受众产生阅读上的反感

从受众出发，对消费者的需求进行换位思考，并将相关的、有针对性的内容直接表现在文案中

图 8-11　精准内容定位的相关分析

⭐ 8.2.4　生动表达：促使视频内容趣味化

　　形象生动的文案可以营造出画面感，从而加深受众的第一印象，让受众第一眼就能记住文案内容。

　　对于文案写手而言，每一个优秀的文案在最初都只是一张白纸，需要创作者不断地添加内容，才能够最终成型。要想更有效地完成任务，就需要对相关的工作内容有一个完整认识。而一则生动形象的文案可以通过清晰的别样表达，在吸引受众关注，快速让受众接收文案内容的同时，激发受众对文案中产品的兴趣，从而促进产品信息的传播和销售。

⭐ 8.2.5　添加创意：让带货视频脱颖而出

创意对于任何行业的新媒体文案都十分重要，尤其是在网络信息极其发达的社会中，自主创新的内容往往能够让人眼前一亮，进而获得更多的关注。

图 8-12 所示为创意十足的视频文案。这个文案中把直发棒与爆米花连接在一起，可谓创意十足，富有新意。

图 8-12　创意十足的视频文案

创意是为文案主题服务的，所以文案中的创意必须与主题有着直接关系；创意不能生搬硬套，牵强附会。在常见的优秀案例中，文字和图片的双重创意往往比单一的创意更能够打动人心，并且可以在突出产品特色的情况下，更好地让抖音用户从视觉上接受视频中推销的产品。

对于正在创作中的文案而言，要想突出文案特点，就需要在保持创新的前提下通过多种方式更好地打造文案本身。文案表达主要有七个方面的要求：词语优美、方便传播、易于识别、内容流畅、契合主题、易于记忆和突出重点。

8.3 规避错误：避免文案影响带货效果

与硬广告相比，有创意的文案不仅可以提高品牌的知名度、美誉度，同时发在门户站点的文案还能增加网站外链，提升网站权重。然而，想要撰写出一个好的文案并非易事，它对写作者的专业知识和文字有着很高的要求。

不少运营人员和文案编辑人员在创作文案时，往往因为没有把握住文案编写的重点而以失败告终。本节就盘点一下文案编写过程中需要注意的六大禁忌。

★ 8.3.1　错误一：中心不明确

有的写手在创作文案时，喜欢兜圈子，可以用一句话表达的意思非要反复强调，结果不但降低了文章的可读性，还可能会令读者嗤之以鼻。尽管文案是广告的一种，但是它追求的是"润物细无声"，在无形中将所推广的产品信息传达给目标客户，过度地说空话、绕圈子，不免会让人嫌弃。

此外，文案的目的是推广，因而每篇文案都应当有明确的主题和重点，并围绕该主题和重点进行文字创作。然而，有的写手在创作文案时偏离主题，乱侃一通，导致受众一头雾水，营销力度自然大打折扣。

图 8-13 所示为某运动品牌广告文案的部分内容。笔者只是在原来的文案基础上去掉了品牌 LOGO。通过这样处理后的文案，你能从中看得出这是哪个品牌的营销文案吗？相信绝大部分受众是看不出来的。

图 8-13　某运动品牌广告文案的部分内容

广告文案的主要目的是营销，如果在一个文案中看不到品牌，也看不到任何营销推广的意图，那就是一则主题不明确的典型文案了。

⭐ 8.3.2 错误二：求全不求精

文案写作无须很有特点，只需要有一个亮点即可，这样才不会显得杂乱无章，并且更能扣住核心。

如今，很多的文案在传达某一信息时，像"记流水账"一般，毫无亮点。这样的文案其实根本就没有太大的价值，并且这样的文案内容较多，往往导致可看性大大降低，让受众不知所云。

不管是什么文案，都需要选取一个细小的点来展开脉络，归纳出一个亮点，才能将文字有主题地聚合起来，形成一个价值性强的文案。

⭐ 8.3.3 错误三：有量没有质

文案相对其他营销方式来说成本较低，成功的文案也有一定的持久性，一般文案成功发布后就会一直显示，除非发布文案的那个网站倒闭了。由于文案始终有效，却不马上见效，于是有的运营者一天会发几十个文案到门户网站上。

事实上，文案带货并不是靠数量就能取胜的，更重要的还是质量，一个高质量的文案胜过十几个一般的文案。然而事实是，许多抖音电商运营者为了保证推送的频率，宁可发一些质量相对较差的文案。

比如，有的抖音号中，几乎每天都会发布短视频，但是自己的原创内容却很少。而这种不够用心的文案推送策略，所导致的后果往往就是内容发布出来之后却没有多少人看。

除此之外，还有部分抖音号运营者仅仅将内容的推送作为一个自己要完成的任务，只是想着要按时完成，而不注重内容是否可以吸引目标用户。有的抖音电商运营者甚至会将完全相同的文案内容进行多次发布。像这一类的文案，质量往往没有保障，并且点击量等数据也会比较低，如图8-14所示。

图 8-14　点击量等数据偏低的文案

抖音电商运营者应该怎样避免"求量不求质"的运营操作误区呢？办法有两个：

- 加强学习，了解文案营销的流程，掌握文案撰写的基本技巧；
- 聘请专业的文案营销团队，因为他们不像广告公司和公关公司那样业务范围比较广，他们专注于文案撰写，文案质量很高。

🔖 8.3.4　错误四：脱离市场情况

文案大多是关于企业产品和品牌的内容，这些产品和品牌是处于具体市场环境中的，其所针对的目标也是处于市场环境的具有个性特色的消费者。因此，不了解具体的产品、市场和消费者情况是行不通的，结果必然失败。

在编写和发布文案时，必须进行市场调研，了解产品情况，才能写出切合实际、能获得消费者认可的文案。在文案编写过程中，应该充分了解产品，具体分析，如图 8-15 所示。

```
                        ┌─ 做好市场定位分析，把握市场需求情况
充分了解产品的相关分析  ├─ 了解目标消费者最关注产品什么
                        └─ 了解产品竞争对手的具体策略及其做法
```

图 8-15　充分了解产品的相关分析

而从消费者方面来说，应该迎合消费者的各种需求，关注消费者感受。营销定位大师特劳特曾说过："消费者的心是营销的终极战场。"那么文案也要研究消费者的心智需求，具体内容如下。

（1）安全感

人是趋利避害的，内心的安全感是最基本的心理需求，把产品的功用和安全感结合起来，是说服客户的有效方式。

比如，新型电饭煲的平台销售文案："这种电饭煲在电压不正常的情况下能够自动断电，能有效防范用电安全问题。"这一要点的提出，对于关心电器安全的家庭主妇一定是个攻心点。

（2）价值感

得到别人的认可是一种自我价值实现的满足感。将产品与实现个人的价值感结合起来可以打动客户。脑白金打动消费者的恰恰是满足了他们孝敬父母的价值感。

对于销售豆浆机的文案可以这样描述："当孩子们吃早餐的时候，他们多么渴望不再去街头买豆浆，而喝上刚刚榨出来的纯正豆浆啊！当妈妈将热气腾腾的豆浆端上来的时候，看着手舞足蹈的孩子，哪个妈妈会不开心呢？"一种做妈妈的价值感油然而生，会激发为人父母的消费者的购买意念。

（3）支配感

"我的地盘我做主"，每个人都希望表现出自己的支配欲望。支配感不仅是对自己生活的一种掌控，也是源于对生活的自信，更是文案要考虑的出发点。

（4）归属感

归属感实际就是标签，你是哪类人，无论是成功人士、时尚青年，小资派还是非主流，每个标签下的人都会有具备其特点的生活方式，他们所用的商品、消费心理都表现出一定的亚文化特征。

比如，对于追求时尚的青年，销售汽车的文案可以写："这款车时尚、动感，改装也方便，是玩车一族的首选。"对于成功人士或追求成功的人士可以写："这款车稳重、大方，开出去见客户、谈事情比较得体，也有面子。"

8.4 案例解析：学习热门带货技巧

了解了抖音短视频的带货要点以及带货文案的写作，接下来该如何进行带货呢？在本节中将为大家介绍一些具体案例，帮助大家从案例中理解抖音带货。

⭐ 8.4.1 "叶公子"：差异化定位，剧情带货变现

"叶公子"是一个抖音美妆博主，虽然名字是"公子"，但博主却是一个看着帅气、中性的女生。她的短视频带货方式采用的是剧情类的模式。其产品分为美妆产品和非美妆产品，其中美妆产品主要通过人物形象改变的方式；非美妆产品主要通过"保护闺密""霸道总裁"这两大故事线进行带货。

图 8-16 所示为"叶公子"抖音主页的带货短视频。带货的产品是一款面膜，故事的剧情讲述了一段闺密的友谊，利用面膜的名字和特点充当剧情里的工具——许愿灯，同时又放大了产品的特点，营造了闺密之间友好的感情。

图 8-16 "叶公子"抖音主页的带货短视频

⭐ 8.4.2 "柚子cici酱"：打造抖音IP矩阵，一周涨粉超百万

"柚子 cici 酱"走的也是剧情美妆带货的方向，在其短视频中，风格统一，内容多为从一个软妹子转化为一个霸气的御姐。图 8-17 所示为"柚子 cici 酱"的带货短视频。视频讲述了一个女总裁的闺密向她讲述女总裁的下属暗恋女总裁之后，女总裁与下属之间进行谈话的故事，中间插入了某品牌的沐浴露，并利用 5·20 节日来撰写营销文案，与短视频剧情进行了巧妙结合。

图 8-17 "柚子 cici 酱"的带货短视频

⭐ 8.4.3 "放扬的心心"：结合商品的特性，塑造人设魅力

"放扬的心心"也是通过剧情进行带货的博主，看到这个名字后，可能会让很多"90后"的用户回想起一部经典的爱情偶像剧《放羊的星星》。图 8-18 所示为"放扬的心心"的抖音带货短视频。

该短视频讲述了女生买了一件超值的连衣裙，在回家的路上，碰到一个帅哥后发生的奇妙爱情故事。带货的产品正是女主身上的连衣裙，对于想要购买的用户可以直接点击"同款"按钮。

"放扬的心心"账号里的短视频人物主要是讲述情侣之间的故事，内容多为浪漫偶像剧的情节，如图 8-19 所示。该短视频进行带货产品的是某品牌染发剂，故事讲述的是关于"日租男友"的故事，并且男主角的人设也是偶像剧里常有的人设类型。

图 8-18 "放扬的心心"的抖音带货短视频

图 8-19 利用偶像剧故事进行带货

总而言之，"放扬的心心"短视频带货的方式主要具有以下几个特点：

● 账户的名称与知名度高的 IP 名称相关联；

● 视频内容人物人设与热门电视剧内容相结合；

● 故事剧情与产品的特点相结合。

/第/9/章/

快手带货：信任关系推动高效的转化

　　快手是一个潜力巨大的市场，同时也是一个竞争激烈的市场。所以，要想在快手平台年赚上百万，快手运营者还得掌握一些实用的带货文案技巧。那么，对于快手带货新玩家而言，又有哪些技巧可以帮助大家在这个竞争激烈的行业中占有一席之地呢？在本章中，笔者将为你讲述快手带货的文案技巧。

9.1 带货优势：选择快手平台的理由

随着互联网的发展，快手以其接地气的内容受到了众多人的喜爱。快手短视频拥有时间短、播放快、内容精、可随时随地观看的特点，是顺应时代潮流而诞生的产物。因此，在快手平台进行带货，也成为众多人选择的营销方式。

★9.1.1 优势一：具有强互动力

首先，快手平台是一个能够为企业与用户提供多向交流的媒介，这种多向的互动特征能够将用户的反馈信息传递给企业。

此外，用户的回复与分享也能够对企业的快手短视频营销起到一定的造势作用。比如，对于一些有争议的内容，如果用户在回复中产生了激烈的讨论，那么视频的点击率也会直线上升，这样就会进一步扩大企业品牌的知名度。

★9.1.2 优势二：具有强大众化

快手短视频都是用户个体发放的，没有群体性，也没有权威性，仅仅代表个人行为，因此显得更加大众化。在快手平台上，用户可以看到许多接地气的短视频，这些短视频内容中的人物都穿着普通，展示的内容也是生活中习以为常的事情，如图9-1所示。

★9.1.3 优势三：具有强娱乐性

快手短视频大多是往轻松、有趣或者娱乐的方向发展的，如图9-2所示。这样的短视频能够为大众带来娱乐舒缓的内容，缓解用户生活中的压力。也正是这样，快手短视频才颇受大众的喜爱，而企业的短视频营销也更容易受到关注。

图 9-1　画面内容接地气

图 9-2　娱乐化的视频内容

 9.2 带货技巧：让快手带货更高效

　　了解了快手短视频的优势，接着讲述本章的重点内容。在快手平台内，博主应如何进行文案带货呢？在本节中，笔者将为大家讲述快手带货的文案技巧。

⭐ 9.2.1 带货标题：打造高点击率短视频

若视频足够吸引人，就很容易上热搜。因此，拟写文案的标题就显得十分重要。而掌握一些标题创作技巧，也就成了每个抖音电商运营者必须要掌握的核心技能。

1. 拟写标题的三大原则

评判一个文案标题的好坏，不仅仅要看它是否有吸引力，而且需要参照其他的一些原则。在遵循这些原则的基础上撰写的标题，能让你的快手短视频获得更多点击量。这些原则具体如下所述。

（1）换位原则

快手短视频运营者在拟定文案标题时，不能只站在自己的角度去想要推出什么，更要站在受众的角度去思考。也就是说，应该将自己当成受众，如果你想知道这个问题，会用什么搜索词进行搜索。思考一下这个问题的答案，写出来的文案标题才会更接近受众心理。

因此，快手短视频运营者在拟写标题前，可以先将有关的关键词输入搜索浏览器中进行搜索，然后从排名靠前的文案中找出拟定标题的规律，再将这些规律用于自己要撰写的文案标题中。

（2）新颖原则

快手短视频运营者如果想要让自己的文案标题变得新颖，可以采用多种方法。那么，运营者应该如何让短视频的标题变得更加新颖呢？笔者在这里介绍几种比较实用的标题形式。

- 短视频标题写作要尽量使用问句，这样比较能引发人们的好奇。比如："谁来'拯救'缺失的牙齿"，这样的标题会很容易吸引读者。
- 短视频标题创作时要尽量写得详细、细致，这样才会更有吸引力。
- 要尽量将利益写出来，无论是用户观看这个短视频后所带来的利益，或者是短视频中涉及的产品或服务所带来的利益，都应该在标题中直接告诉用户，从而增加标题对用户的吸引力。

（3）关键词组合原则

通过观察，获得高流量的短视频标题，都是拥有多个关键词并且进行组合之后的标题。这是因为，只有单个关键词的标题，其排名影响力不如有多个关键词的标题。

例如，如果仅在标题中嵌入"面膜"这一个关键词，那么用户在搜索时，只有搜索到"面膜"这一个关键字，文案才会被搜索出来。而标题上如果含有"面膜""变美""年轻"等多个关键词，则用户在搜索其中任意关键字的时候，文案都会被搜索出来，标题"露脸"的机会也就更多了。

2. 涵盖内容，凸显主旨

俗话说："题好一半文。"因此，一个好的标题就等于一半的短视频文案内容。衡量一个标题好坏的方法有很多，而标题是否体现视频的主题，就是衡量标题好坏的一个主要参考依据。

如果一个标题不能够做到让受众一眼就明白要表达的内容，由此得出该视频是否具有点击查看的价值，那么受众在很大程度上就会放弃查看该视频。那么，文案标题是否体现短视频主题，将会造成什么样的结果呢？

如果短视频的标题没有体现视频主题，用户就会滑掉该短视频，那么这个短视频的播放量以及完播率、获得的曝光率也会降低，对运营者的粉丝量也会造成影响，并且也不利于之后的短视频带货。所以，运营者想要让自己的短视频带货成交额增加，那么在编写标题的时候一定要注意是否体现了主题。

图 9-3 所示为体现视频主题的标题案例。视频的标题为"黑不溜秋的烧仙草真的有草，正宗古早做法，清凉降火，比凉粉更嫩滑"，而视频的主题也正是美食烧仙草的做法。

图 9-3　体现视频主题的标题案例

图 9-4 所示为某装修公司发布的快手短视频。视频的标题为"周末在家用了两卷纸巾，给卧室做了一盏吊灯，朋友看到想掏钱买走"，用简单的话语概括了视频的内容，这也是体现视频主题的标题。

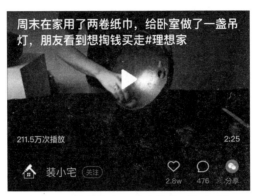

图 9-4　某装修公司发布的快手短视频

3. 掌握词根，增加曝光率

标题要遵守关键词组合的原则，这样才能凭借更多的关键词增加带货短视频的"曝光率"，提高短视频带货的转化率。在这里，笔者将给大家介绍如何在标题中运用关键词。

编写标题的时候，运营者需要充分考虑怎样去吸引目标受众的关注，促使用户购买。要实现这一目标，就需要从关键词着手。而要在标题中运用关键词，就需要考虑关键词是否含有词根。

词根指的是词语的组成根本，只要有词根，我们就可以组成不同的词。运营者在标题中加入有词根的关键词，短视频才能更精准地出现在消费人群面前。

例如，一个短视频标题为"十分钟教你快速学会手机摄影"，那么这个标题中"手机摄影"就是关键词，而"摄影"就是词根，根据词根我们可以写出更多与摄影相关的标题。

> **⊚ 专家提醒**
>
> 快手平台在短视频的曝光上，流量更平均。因此，对于普通的短视频运营者来说，这一点是非常有利的，避免了流量资源被热门的带货者所夺取的情况。

⭐9.2.2　画面结合：更好地呈现文案内容

利用快手短视频进行营销的时候，观众只能看到一幕幕画面和字幕，听到相应的背景音乐，而真正的文案就呈现在画面中和字幕中。图9-5所示视频表现的就是该短视频的文案内容，画面利用了特效，将鹅吸到了搓衣板上。

图9-5　视频呈现的文案内容

⭐9.2.3　场景融入：利用氛围调动情感

在快手短视频带货中，观众的所有感官都由以下几大要素构成：

● 视觉——画面；

● 听觉——声音；

● 感觉——由画面和声音刺激而产生的共鸣或情感。

企业打造的视频广告，就是要从这几大要素出发，抓住用户的内心需求，利用视频的形式，将软文内容表达出来。

现在很多快手短视频都采用讲故事和营造氛围的手法将广告内容呈现出来，例如某助农短视频利用植物嫁接的故事呈现农产品，如图9-6所示。还有卖粽子的博主利用龙虾慢悠悠的动作以及干净的画面，营造出惬意、舒适的氛围，接着将龙虾放置在粽子中央进行包扎，如图9-7所示，这些都是抓住了用户的视觉与情感的短视频。

图 9-6　农产品带货短视频　　　　图 9-7　粽子带货短视频

★ 9.2.4　卖点展示：营销产品重点突出

快手短视频的内容决定其带货传播的力度和广度，目前具有吸引力的内容通常是有趣、搞笑等类型的视频，也就是说，相比传统的视频来说，移动互联网时代下的视频更注重趣味性。通常情况下，如果一段视频不能在短时间内吸引观众，那么企业就很有可能失去一部分受众，因此在快手短视频带货时，要将产品的卖点尽可能展现出来。

展现什么样的卖点？是将所有的卖点都展现出来吗？笔者给出的建议是，将自己产品最独特的卖点——能够让观众把自己要卖的产品与竞争对手的产品区分开来的卖点展现出来。

在展示产品卖点的时候，博主可以通过讲述一则故事，将产品融入故事中，利用故事的情节引出产品，之后再对产品的卖点进行讲述。例如，在快手平台某视频中，博主利用吸引人关注的生活日常，引入某品牌洗面奶，最后对洗面奶的卖点进行了讲解，如图 9-8 所示。

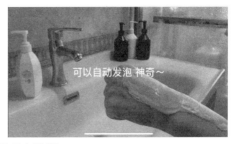

图 9-8　产品卖点讲解

★9.2.5　添加创意：更吸引用户去购买

一个拥有优秀创意的快手短视频能够帮助企业吸引更多的用户。创意可以表现在很多方面，新鲜有趣只是其中的一种，还可以是贴近生活、关注社会热点话题、引发思考、蕴含生活哲理、包含科技知识和关注人文情怀的。

对于快手短视频来说，如果内容缺乏创意，那么整个文案只会成为广告的附庸品，沦为庸俗的产品。图 9-9 所示为快手某博主利用鹌鹑蛋和塑料薄膜做的蛋肠，食物的做法就非常有新意。

图 9-9　独特的蛋肠做法

图 9-10 所示为快手某热爱做面食的主播，心灵手巧地将面团捏造了龙的形状，在造型上富有特色。这些短视频都体现了一定的创意性。

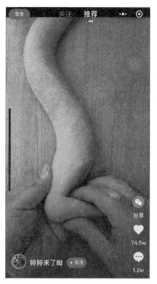

图 9-10　造型特别的面食

★9.2.6　逆向思维：间接诠释产品卖点

所谓的打破传统思维，就是不随波逐流，利用逆向思维来诠释卖点。例如当其他企业都说自己产品是最好的时候，指出产品在怎样的情况下是不好的，也许会出人意料地引起消费者的注意力。下面列举两则房地产的视频文案：

- 第一则：我是最好的、奢华的、温馨的房子；
- 第二则：我虽然不是最好的房子，但我却是最温馨的。

这两则文案，第一则是传统的文案思维，就是不断地夸奖自己的产品有多好；第二则文案则是打破传统思维，通过阐述劣势来突出自己的优势，反而给消费者留下深刻的印象。

由此可见，非传统思维的文案带有一丝谦虚，这可以让消费者很舒适地接受其中的文字信息，而传统思维下的文案则具有太强的商业化性质，虽然在视频营销圈子里，这种现象早已是司空见惯，但是很有可能使消费者产生抵触心理。

因此，用逆向思维制作短视频，是一种非常容易吸引消费者注意力的方式，也是一种与其他同类型产品产生区别的方式，便于消费者在众多的同类产品中识别出自己要卖的产品。

⭐ 9.2.7　抓住痛点：短视频营销的重点

抓住痛点，进行快手短视频带货，是指带货者站在消费者的角度想问题，罗列出消费者会面临的问题，从这些问题入手，将问题的解决方法融入视频文案里，即可写出一个比较好的痛点营销视频文案。

很多短视频带货者不知道怎样抓住消费者的痛点，都是靠文案制作者昙花一现的灵感。其实，想要写出痛点营销文案，只要从以下几个方面结合产品展开思维联想即可，如图 9-11 所示。

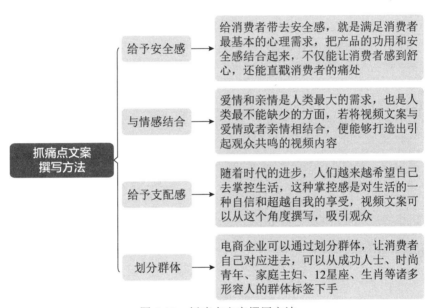

图 9-11　抓痛点文案撰写方法

9.3　案例解析：热门快手带货博主讲解

了解了快手短视频的特点以及带货文案的创作技巧之后，笔者将为大家讲述快手带货的案例，利用具体案例帮助用户了解快手带货。

⭐ 9.3.1　"散打哥"：2020年6月至12月销售额达29.5亿元

2021 年 2 月 3 日，南方财经发布了《2020 年直播带货趋势报告——主播影响力排行榜 TOP100》，文章通过对 2020 年 6 月至 12 月的数据进行分析，将主播的影响力进行了排名。其中，"散打哥"便以 29.5 亿元的总销售额和 670.42 万单的总销量，取得了第 6 名的好成绩。

其实，"散打哥"可以算是快手平台的早期大 V 之一了，早在 2018 年 11 月 6 日，"散打哥"便创造了单日 1.6 亿元销量的佳绩。那么，为什么"散打哥"能够获得这么好的销售成绩呢？笔者认为，主要有以下 3 个原因。

1. 粉丝数量多

早在 2018 年，"散打哥"的快手粉丝便达到了 4000 万，而经过几年的发展之后，"散打哥"2021 年初的快手粉丝更是超过了 5200 万。正是因为有如此多粉丝的大力支持，"散打哥"的直播才会不断创造出各种销售佳绩。

2. 懂得回馈粉丝

"散打哥"也明白自身的发展与粉丝的支持密切相关，所以他也会适当地回馈粉丝。例如，2020 年 11 月 25 日"散打哥"生日回馈粉丝夜，便向粉丝送出了 10000 台手机和 100 台汽车。而粉丝在看到"散打哥"的回馈之后，也更加愿意长期观看散打哥的直播间，并在直播间中互动、下单了。

3. 运营能力极强

"散打哥"是一个极具运营能力的人，他不仅成功捧红了陈山和祁天道等快手大 V，而且还借助捧红这些大 V 之后积累的资金进行全网刷礼物涨粉，在短短半年内便成为"快手二哥"。

除此之外，他还通过自身的创造性，增强了自身的影响力。许多人可能不知道的是，"散打哥"曾经创造了快手平台的多个第一，例如，第一个开工会、第一个收徒和第一个做互关等。

⭐ 9.3.2　优雅的美妆达人"韩承浩"：成交额1135万元，转化率达35%

"韩承浩"是快手的美妆带货达人，拥有着标志性的韩式中分，被粉丝亲切地称为韩老师。他在 2019 年"双 11"直播带货中，更是获得了一场直播带货转化率高达35%的成绩。

在入驻快手平台之前，"韩承浩"在淘宝平台进行直播，并且拥有着自己的代购店铺。他在快手带货短视频中，经常会分享一些美妆的技巧，利用实用技巧进行产品带货，如图9-12所示。该视频讲述的是一个关于上粉底的小技巧，并且邀请了嘉宾亲自使用产品进行了示范。短视频的文案标题利用了一个疑问句，吸引用户好奇心，进而点击和观看短视频。

图9-12　"韩承浩"快手带货短视频

在韩老师的短视频中，画面非常真实，美颜程度低，并且介绍的语言十分亲切，侧重实用技巧，因此获得了许多粉丝的喜爱。另外，韩承浩十分注重产品质量，这也让粉丝对他建立了深深的信任。

/第 /10 /章 /

头条号带货：让自媒体收益瞬间翻倍

　　今日头条可以说是一个名副其实的内容资讯 App，是众多新媒体运营和营销的平台之一，那么在今日头条平台中如何进行文案带货呢？在本章中，笔者将为读者讲述今日头条文案的创作规范、内容形式以及推广技巧，从三个角度让大家全面熟悉、了解该平台。

10.1 创作规范：确保头条号带货文案发布

随着今日头条平台的发展和壮大，越来越多的人开始进入头条号进行内容创作和编辑，特别是图文类内容，因而对图文排版实战操作的需求也在不断提升。同时，越来越多的人利用头条号进行带货。在本节中，笔者将为大家详细讲述头条号文案带货的创作技巧。

⭐ 10.1.1 格式规范：保证文章正常发布

运营者在今日头条平台上发文，尤其要注意格式的正确。在移动互联网时代，平台后台排版最初的效果与显示在手机终端屏幕上的效果是完全不同的，如果在格式不正确的情况下推送出去，如在段落上划分不明确、缺少标点等，就有可能会完全改变文案的布局。

除此之外，在今日头条上发文还有着其他方面的规范，如扩展链接的使用规范就是其中之一。而要让内容符合规范并获得好的推广效果，就应该先了解规范，并在发文过程中时刻加以注意。

运营者在今日头条平台上发文时，会发现图文编辑页面右上角有一个"发文规范"按钮，单击进入相应页面。该页面中说明了在平台上发文的格式和内容方面的规范，如图10-1所示。

图 10-1 头条号作者发文规范部分内容展示

那么，运营者到底应该注意哪些方面的格式呢？接下来笔者就对其进行具体说明。

1. 标题格式

人们常说，"眼睛是心灵的窗户"，标题就有如文案的眼睛。通过标题，读者可以清楚地感知文案的内涵和作者所要表达的意思，因此在撰写标题时要格外注意。当然，这里说的是基本格式上的问题，而不是说标题应该如何出彩。

从格式上来说，今日头条平台上推送内容的标题，应该注意以下五点。

（1）不能出现错别字。所谓"错别字"，即"错字"和"别字"的合称。"错字"，指的是在笔画、笔形或结构上写错了的字。当然，在如今通过输入法操作的情况下，就很少见了。"别字"，指的是把字写成了与之同音、字形相近的其他字。

（2）不能出现繁体字。《中华人民共和国国家通用语言文字法》明确规定了使用繁体字的六种情形（中国港澳台地区除外），除此之外，是不可以使用繁体字的，在今日头条平台上也同样如此。

（3）不能出现特殊符号。这里的特殊符号不仅仅是指各种类型的图片、线条等符号，还包括部分标点符号。由于不可使用的符号实在太多，无法一一列举，在此介绍今日头条标题中可以使用的标点符号，具体包括：逗号（，）、冒号（：）、双引号（""）、破折号（——）、书名号（《》）、问号（？）和感叹号（！）等。另外，如竖线（│）和波浪线（～）也可出现在今日头条标题中。

（4）要保持语句通顺。语句不通顺的标题不仅不符合发文规范，影响发文的推荐，也影响读者对文案的理解和阅读体验。因此，文案标题一定要通顺，不能出现语法错误。

（5）不能全部使用外文。作为把汉字当作国家通用语言文字的国家，大多数情况下都应该使用汉字，而不能为了标新立异或其他原因而都使用外文。当然，在标题中含有个别外文词语、词组或字母缩写还是可以的。

2. 正文文字格式

在正文文字格式的使用方面，与标题中的部分内容相似，如全部内容使用繁体字、外文文字（如英语）和少数民族文字等，这种情况是不允许的。当然，这里的内容包括视频内容，且在视频内容中，除了上述情况外，还不能出现没有翻译成汉字的字幕。

3. 正文段落格式

在这里，主要介绍三种不能出现的今日头条发文的段落格式。

（1）不能出现大段乱码

出现乱码的原因可能有很多，运营者能做的就是从源头上减少这种情况的发生，基于此，可以选择在 Word 文档中清除格式、使用常见的字体等，这些都是简便易行的办法。

（2）不能全文未分段

假如全文未分段，在文字较多的情况下，显示出来的效果不仅影响阅读，还不美观，特别是在手机端阅读，效果就更差了。因此，在今日头条上发文，最好多分段，且一段不能太长。

（3）不能全文无标点

暂时不说那种特别长的段落没有标点的情况，即使那种一段只有一两行字或更少字的文案，也不能没有标点。各种终端由于屏幕显示不同的原因，如果认为有空格或已经分段的情况下不加标点，那么其效果是无法完全掌控的，容易让读者误读。

★ 10.1.2　内容规范：提高文案质量

上面已经介绍了头条号发文在格式方面的规范，当运营者在保证格式正确的情况下，进而保证推送内容符合规范更是重中之重。相较于格式而言，内容要注意的方面明显更多，要想把这些规范熟练掌握，并在运营中能得心应手，就需要掌握一定的方法并了解发文规范。

下面将讲述头条号作者发文规范的八个方面。

（1）忌标题党内容

标题党内容包括两种形式，一是题文不符，二是过度夸张，它们都是为吸引读者而出现的不当的发文行为。

（2）忌色情低俗内容

通过各种内容对性部位和性行为进行表述、展示，或是那些低俗下流的艺术、声乐作品，都应该避免出现在内容中。

（3）忌广告信息内容

在今日头条平台上，发布广告信息也是正文内容需避开的一大行为，特别是与个人相关的各种关联账号信息、商品信息等。

（4）忌旧闻、重复内容

如果运营者发布的是具有时效性的内容，它们或是已经由进行时、未来时变成了过去时，或是已经停止，就不应该出现在内容中；即使那些还有一定意义的已经发生了的内容，其发布方式也不能随意选择，最主要的是不能把它当作新近发生的来写。然而无论是哪一种，都应该避免重复发布。

（5）忌不真实内容

这里的不真实不单单是指那些与现实生活不符的，还包括那些不符合生活常识和科学常理的、随意捏造的内容。

（6）忌低质量内容

这里的低质涉及文案、视频和图片等：一是在数量上，如篇幅太短（文字内容）、图片太少（图片或图集内容）；二是内容本身表达效果不佳，如视频内容声画方面（不清晰、不同步等）、图集内容主题方面（不清晰）。

（7）忌违背现行政策与法律法规内容

作为一个公民，其行为应该合理合法，而头条号发文行为也是其中一种，运营者必须保证发文的内容是在现行政策、法律法规允许范围之内的。

（8）忌超范围内容

今日头条平台上的内容并不是囊括所有领域的，如社会评论和评论性文章、时政类文章，以及其他一些与国家政府机关事务相关的内容，就不宜发布在该平台上。

🎯 **专家提醒**

上述第 3 条提及内容中不能含有广告信息，那么具体包括哪些呢？举例如下：

- 发布或联合推广 QQ 号、微信号等信息或变种文字；
- 推广的信息与该篇正文、该头条号账号类型无关的；

- 内容中嵌入了各种商品购物链接、资源下载链接；
- 软文和广告全是在对商品、品牌和营销等进行推广的；
- 在文末推广公众号时加入了含有营销意图的话语。

 # 10.2 内容形式：爆款头条号带货文案重点

了解了头条号文案创作的格式规范后，在头条号上应如何进行文案带货呢？在本节中，笔者将讲述头条号带货文案的内容形式。

★ 10.2.1 优质图文内容：让文案更吸睛

运营者在进行头条号内容运营时，一个打通与用户联系的关键点就是必须能够满足读者的需求，只有满足了用户的需求才能吸引用户关注。

1. 用户心理

在此，笔者总结了用户的 8 种心理，也就是用户的 8 种需求，来告诉大家该如何进行内容运营。

（1）学习心理

有一部分人在浏览网页和手机上的各种新闻、文章时，抱有通过浏览页面学到一些有价值的东西，扩充自己的知识面和增加自己的技能等目的。因此，在编辑文案时可以将这一因素考虑进去,给读者一种能够满足心理需求的感觉。

（2）猎奇心理

人都是充满好奇心的，对于那些未知的、刺激的东西总会有一种想要去探索、了解的欲望。运营者可以抓住读者的这一特点，通过富有神秘感的标题来满足读者的猎奇心理。

（3）消遣心理

有些人阅读头条号里的各种文章,是出于消磨闲暇时光、娱乐自己的目的。那些传播搞笑、幽默的文案内容会比较容易满足读者的娱乐需求，如冷笑话、幽默与笑话集锦等类型的账号，其文案内容给读者的感觉就是比较开心、愉快的。

（4）窥探心理

人们有时候很矛盾，不想让自己的秘密、隐私被人知晓，但是又会有窥探他人或者其他事物的秘密的欲望。因此，在编写文案标题时可以适当地利用人们的这种欲望，写出能够满足读者窥探需求的内容，从而吸引读者阅读。

（5）感性心理

大部分人都是感性的，易被情感所左右，也很容易感动，这种感性不仅仅体现在真实的生活中，还体现在看见的倾注了感情的文案中。一篇成功的带货文案就需要做到能满足读者的情感需求，打动读者，引起读者的共鸣。

（6）追忆心理

很多人都有怀旧情结，对于以往的岁月都会去追忆一下。人们对于那些追忆过往的文案内容也会禁不住想要点开去看一眼，所以今日头条号运营者就可以写一些这种能引起人们追忆往昔情怀的内容，满足读者的怀旧需求。

（7）求抚慰心理

很多人养成了从文字中寻求关注与安慰的习惯，当他们看见那些传递温暖、含有关怀意蕴的内容时，便会忍不住去阅读。因此，在写标题时便可多用一些能够温暖人心、给人关注与关怀的词语，满足读者求抚慰的心理需求。

（8）私心心理

人们总是会对与自己有关的事情关注得多一点儿，对关系到自己利益的消息更加注意。文案内容满足读者私心需求，其实就是指满足读者关注与自己相关事情的行为。

2. 内容吸引

很多企业在运营今日头条号的过程中，都会碰到一个棘手的问题，即"什么内容比较容易吸引用户呢"。

想要通过今日头条号的正文来吸引用户的眼球，就需要有内容要点。如何让一篇带货文案从众多的推送内容中脱颖而出？站在用户的立场，对方第一要关注的就是运营者推送的消息和自己切身利益是否相关。也就是说，商家抓住了受众的需求，就是抓住了受众的眼球。接下来，笔者将从以下几个方面阐述抓住受众眼球的内容要求。

（1）具有实用价值

从实用性的角度提供价值，就是指商家为用户提供对他们日常生活有帮助的内容。例如，途牛旅游网为用户推出的机票、火车票、汽车票、酒店预订等功能服务，就是一些非常实用的服务功能。

（2）具有趣味性

受众都喜欢有趣的信息，头条号如果能做到这点，对宣传效果必定大有裨益。而对于商家而言，将内容娱乐化是抓住用户的屡试不爽的方法。具体的做法是，将内容转化为用户喜欢的有趣的形式，让用户在感受趣味性内容的同时，接受企业的宣传信息。

（3）具有震撼性

有意外性和稀缺性的内容，能够提升内容的震撼性。什么是意外性和稀缺性？就是指让人感到意外，同时题材也十分稀缺的内容。对于越是少见的内容，用户越是感兴趣，它的传播价值也就越大。所谓的独家新闻也是这个道理，商家可以借鉴一二。

3. 信息预告

对于好的内容，运营者一定要提前进行内容预告，就像每部电影前的宣传手段一样。通过提前预告的方式让用户对内容有一定的期待性，而且今日头条号的提前预告无须成本，是非常有效的一种推广运营方式。下面笔者为大家介绍一下提前预告的几个注意事项。

首先，今日头条的内容预告最好提前三天发布；其次，发布头条号文章要守时，就像"周一见"这样的形式，说到做到，说什么时候发布就什么时候发布；最后，不要动不动就来一次下期内容预告，因为预告是对于那种内容尤其优秀、重磅话题的内容而言的，而且运用这种方式进行下期内容的推广，也带有一种神秘的感觉在其中。一旦用的次数多了，就没有神秘和新鲜感了。

4. 文案排版

如果说，文案中的内容是让作者与读者之间产生思想上的碰撞或共鸣的武器，那么作者对文案的格式布局与排版就是给读者提供一种视觉上的享受。文案的排版对一篇带货文案很重要。它决定了读者是否能够舒适地看完整篇文案，这种重要程度对今日头条平台上这种以电子文档形式传播的文案来说更明显。

因此，运营者在给读者提供好内容的同时也要注意文案的排版，让读者拥有一种精神与视觉的双重体验。以下是今日头条号带货文案排版中应该注意的问题。

（1）选好排版风格

说到给今日头条平台上的文案内容排版，选择合适的排版风格是必不可少的，其意义表现在以下两个方面：

- 一是运营者选择好排版风格后可以在以后的排版过程中直接套用，不仅可以节省很多排版时间，而且大大地提高工作效率；
- 二是运营者选好让人耳目一新的排版风格后，能够形成属于自己平台的独特风格，从而与其他平台形成差异化，吸引更多读者。

（2）选好排版颜色

运营者在进行内容排版时，要特别注意色彩的搭配。人们的眼睛对色彩非常敏感，不同的颜色能够向人们传递不同的感觉，例如人们经常说的"红色给人以热情、奔放的感觉，蓝色给人以深沉、忧郁的感觉"等。

（3）选好字符间距和大小

文案排版中，首先，文字之间的间距很重要，尤其是对于用手机浏览文案的用户尤其重要。其次，给文案的内容选择合适的字体大小，也是排版工作中需要考虑到的一个事项。选择大小合适的字体，能让读者在阅读的时候，不用将手机放置太近或太远，而且合适的字体大小能让版面看起来更和谐。

（4）排版简洁舒适

版式多样能够吸引到读者，但是如果在同一篇文案中使用过多的排版方式就会使版面显得很杂乱，会在读者阅读文案的时候造成不适感。因此，运营者在追求版式特色的同时也要注意版式的简洁，在一篇文案中不要使用太多的排版方式。

5. 创意运营

在日常运营中，运营者要懂得创意内容的运营思路，例如利用连载的形式勾起读者的观看欲望，把热门事件插入故事中等。接下来，笔者将为大家介绍内容运营的几点思路。

（1）善于利用连载

这里的连载并不是像小说那样，写很长的连载故事，而是指运营者可以围绕同一类话题进行写作，形成一系列的专题故事。

例如广东人的生活，可以从衣食住行、天气、风俗、交通、工作等方面进行介绍，每一期介绍其中一个方面，然后由此形成一系列的专门讲述广东人生活的专题故事。这样的创新手法，是一种吸引读者点击阅读的手段。

（2）直白说出福利

做过运营的人知道，很多时候将福利直白地说出来会比较好。要想在今日头条上做活动，运营者可以在标题上将福利展现出来，也可以在图片上将福利展现出来，让读者一眼就能知道福利是什么，例如"免费送××""买一送一""转发就送××"等。等到读者的好奇心被激发出来了，阅读量就会上去了。

（3）热门头条事件

一个有价值、有传播度的热门事件，在今日头条中的阅读量可能上百万。有时候，运营者在标题中嵌入热门词汇，就是为了提高用户的点击率，一个有热门词和一个没有热门词的普通标题，对文案的推荐量可能有几万、十几万甚至几十万点击量的差距。由此可见，热门事件对于内容运营者来说多么重要。

（4）借助节日话题

节日时，运营者发布与节日相关的话题是很有必要的，一方面是烘托节日的气氛，另一方面是让读者感受到过节的氛围。在节日期间，发布与节日相关的内容往往要比其他的普通内容效果更好。

6. 封面选择

图片是商家进行头条号运营时的有力武器，一张合适的图片有时能胜过千言万语。图片能给头条号的读者带来视觉效果，也能为平台上的带货文案锦上添花。下面笔者为大家介绍选择图片时需要注意的一些技巧。

（1）高清晰度

文案封面设置的好坏会影响到读者点击阅读的概率，漂亮、清晰的封面图片能瞬间吸引读者的眼球，从而让读者有进一步阅读的兴趣。文案封面图片是否合格，可以从其清晰度、辨识度去判断。

（2）精心 PS

给图片 PS，其实就是给图片化个妆。企业、个人在进行头条号运营时是离不开图片的，图片是让文案内容变得生动的一个重要武器，会影响到其点击率。因此，企业或者个人在使用图片给头条号增色时，可以通过一些方法给图片"化妆"，让图片更加有特色，吸引到更多的读者。

给自己的图片"化妆"，可以让原本单调的图片，通过多种方式变得更加鲜活起来。而要给图片"化妆"，可以通过两种方法着手进行：一是拍摄过程中注意好拍照技巧的使用、拍摄场地布局、照片比例布局等；二是可以根据自己的实际技能水平选择图片后期软件，通过软件让图片变得更加夺人眼球。

（3）图片要色彩鲜亮

运营者要想让自己的头条号图片吸引读者的眼球，所选的图片颜色搭配就要好看，尽量给人一种顺眼、耐看的感觉。在没有特殊的情况下，图片要尽量选择色彩明亮的，因为这样的图片能给文案带来更多的点击量。

很多读者在阅读文案的时候希望能有一个轻松、愉快的氛围，不愿在压抑的环境下阅读，而色彩明亮的图片恰好能给读者带来这样的阅读氛围。

（4）直观反映消息的内容

直观反映消息的内容是指图片要和标题一样，让人扫一眼就知道文案讲的是什么内容。如果你写了一篇讲述狗粮的带货文案，就不能放一张猫粮的图片上去，否则会让人看得云里雾里，不明就里。尤其是封面图片，一定要鲜明地表现出文案的中心内容，不要内容讲"东"，图片却讲"西"。所以，为了提高读者的阅读体验，应景的图片非常重要。

📑 10.2.2　优质视频内容：轻松引爆流量

进入今日头条号主页，在该页面上方可以看到有关视频的选项就有两个，即"西瓜视频"和"小视频"。打开今日头条 App，在"首页"上一般可以看到两个不同的与视频相关的内容，如图 10-2 所示。可见视频内容在今日头条平台上是一类极为重要的内容，头条号运营者应该在这一方面加以注意。

图 10-2 今日头条上的与视频相关的内容菜单

在今日头条号上发布视频，还是先需要确定好题材，这是打造爆款视频内容的重要基础。如果运营者不结合周围环境和自身条件来确定选题，而只是为了创造视频，那么即使这个视频中表现出来的各种技巧再好、画面再完美，想要成为爆款视频也不是易事。因此，对于头条号运营者而言，视频的题材选择很重要。

要做好视频选题，就需要从两个方面加以努力，具体如下。

1. 选题库：不再发愁每天要做什么内容

在今日头条平台上，更多的头条号追求推送原创内容。如果想拥有源源不断的原创内容，那么平时的积累就非常重要，特别是视频内容是基于一定现实场景而制造的，并非像图文那样可以用文字、图片快速组织起来，因此需要运营者在平时的工作和生活中注意收集选题和素材，时刻为接下来的视频内容做准备。

选题策略有三种，具体如下。

（1）关注热点

热点不仅是网友比较青睐的，同时也是运营者可以利用的。头条号视频内容的选题也可从热点出发，多关注各网站中的热门榜单、热门话题、热门评论，把它们收集起来，看看是否有可能从中挖掘更多的题材和故事。

（2）关注竞争者

"知己知彼，百战不殆"。这句话用在头条号运营中，可以理解为：既然是同行，那么目标用户是有着相同的用户特征和属性的。当知道竞争者是通过哪些内容来赢得更多用户关注时，运营者就可以从这一角度收集选题和内容，再寻找新的切入角度，这样就有可能筛选出更好的题材。

（3）关注时间节点

关于热点，除了事件本身以外，还可以从时间角度来关注，这也是制造热点的重要方法。因此，运营者可以在某些节日来临前就进行准备，看看各大网站有哪些可以利用的热点题材，多多积累，多多思考和分析，这样就不用担心到时不知道要做什么内容了。

2. 选题筛选：通过多方考虑来慎重选择

制作好常用的选题库后，接下来就是在众多选题中选择一个最有可能打造爆款内容的选题。在选择时，运营者要从两个方面进行考虑：一是根据用户可能会喜欢的心理确定视频内容方向；二是判断该内容方向的视频选题是否可行。

首先，从内容方向上来说，要求运营者根据用户的心理需求来安排内容，选择什么内容和方式表达内容。就以一个摄影类头条号来说，如果该头条号用户是喜欢摄影的人，且致力于拍出好照片，那么运营者就应该安排展现摄影技巧的视频内容，并把这些摄影技巧讲深、讲透。如果该头条号用户仅仅是对旅游、摄影感兴趣，并且只是停留在欣赏层面的，那么运营者就应该安排一些展示众多美景的视频内容。

其次，从选题可行性方面来说，运营者需要对完成视频选题的四个方面做出判断，具体如下所述。

（1）从自身能力来说，要考虑是否在制作水平方面有能力完成视频制作，是否有足够的时间和资金来完成视频制作。

（2）需要考虑所选择的题材是否能与头条号定位相符，假如不相符，还可以考虑是否有其他可以切入的角度。

（3）考虑视频内容是否存在风险，主要是在尺度和版权方面，也就是说，一不能超出审核的尺度，二不能侵权。

（4）时间也是视频选题应该考虑的问题，如果是老生常谈的选题，或者是旧闻，就没有必要作为头条号视频选题了。

3. 爆款内容：多种角度进行素材添加

在如今的视频内容中，大家可以看到，很多视频都是来源于日常生活中某一个我们经常看到的但远远没有把它放在心里的细节或场景。例如，在今日头条平台上，某美食类运营者就是利用生活中常用的美食拌面来制作视频，如图 10-3 所示。

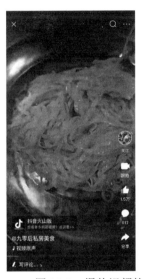

图 10-3　爆款视频的生活细节和场景表现

其实，用户是处于社会中的大众用户，因而对于日常生活中的某些有价值的、有趣的生活场景，一般都有兴趣去关注，运营者在打造爆款视频内容时，就可从我们身边的场景出发，特别是与衣食住行相关的各个方面，都可作为视频的内容，打造一个只属于运营者的热门领域。

当然，就目前视频平台上的内容来说，我们周边的生活视频已经成为一个比较热门的领域，丝毫不逊于那些有专业价值和内容的视频，而运营者可以抓住这一视频内容发展趋势来打造爆款视频内容。

除此之外，还可以在创作时添加一些有趣的内容，以吸引用户的注意力，因为只保证视频的质量还不够，重要的是让客户在观看了视频后主动分享给身边的人，这样才会达到更好的传播效果。那么，在向视频中添加有趣的内容的时候，具体应该怎么做呢？笔者将介绍三点技巧：添加趣味的情节、使用有趣的解说词、探索新颖的表现形式。

如果视频想要变得有趣，吸引用户的注意力，就满足广大用户的心理需求。

一般来说，可以从三方面来做，具体分析如下。

（1）让情节充满创意

很多视频打着相差无几的主题，拥有类似的情节和内容，这样很难吸引观众的兴趣，尤其是在视频快速发展的情况下更是如此。因此，需要运营者花费一定心思，在保证内容质量的前提下加入创意情节。

（2）激发怀旧情感

人们长大成人，承担着生活的压力和各种烦恼，自然会对过去的事情产生一种怀念之情。因此，在微电影中添加怀旧元素也是打造有趣故事情节的一种方法，值得尝试。

（3）添加搞笑元素

有趣的情节离不开幽默元素的点缀，人们在生活中为了放松身心，舒缓压力，往往都会观看幽默搞笑的视频。因此，为了让视频更加吸引人、更加有趣，就应该植入幽默搞笑的元素，让观众在观看影片的同时得到身心的放松。

★ 10.2.3 巧妙利用问答：帮助头条号增粉

运营者如果在面对提问的过程中，问题选择得好且回答内容是优质的，那么极有可能打造成热门的博主，并获得更多粉丝，这些新粉丝也将会帮助博主更好地实现文案带货。图10-4所示为今日头条问答页面和问答榜单页面。

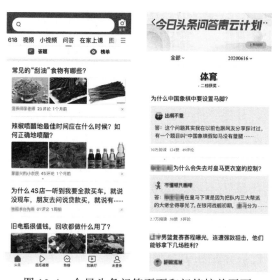

图10-4 今日头条问答页面和问答榜单页面

那么，如何进行问题选择呢？在笔者看来，运营者选择问题的方向可从以下几个方面出发。

（1）值得讨论的问题

这里讲的值得讨论的问题，主要是指那些有着一定社会意义和思想价值，且不是只有唯一答案的问题。对这类问题，需要回答者尽量发挥放散性思维，集思广益，综合分析。如果运营者的回答能在众多答案中脱颖而出，就可以充分展示其知识，并能成功为头条号圈粉。

（2）少优质回答的问题

当某一提问下还没有优质回答或优质回答较少，那么在运营者有能力的情况下可以选择该问题，即使一时没有找到答案，也可通过收集资料来提供优质回答。这样的话，你的付出和努力一定会让自己大放异彩。

（3）擅长领域的问题

"扬长避短"这一思维应该要很好地应用到内容运营，也就是说，运营者应该尽量选择那些自己擅长领域，把自己的优势展示出来，并对这一领域持续关注，力求提升头条号在该领域的知名度，打造爆款内容和爆款IP。

当然，运营者在考虑可以选择哪些问题的时候，还要考虑一下哪些问题是应该避开不选的，这样才能更好地节省时间和精力。以下是运营者不要选择的几类问答问题。

● 有唯一答案的问题

这类问题是有固定的、封闭性答案的，并不具备被机器推荐的可能。

● 不擅长领域的问题

对那些头条号运营者定位不擅长的领域应该避开，而不是逞能去回答。俗话说"隔行如隔山"，如果回答不妥的话是会影响头条号形象的。

当然，对自己不擅长、不会的问题，也没有必要画蛇添足，特意以"抱歉，我不会"这类否定性内容来回答，因为在今日头条内容运营中，"讲礼貌"式的客套用语并不适用所有场合。

● 过时的热点问题

对那些过时的热点问题，运营者也不应该选择回答，因为它已经不合时宜了，即使回答得再好也是不会有太多的用户阅读的。

● 带有恶意的问题

那些对人、事、物等进行恶意攻击的比较性问题一般会引起平台骂战的发生，运营者应该避开，否则就可能被举报，过后该问答内容将会是无效的，徒费工夫。

要打造爆款问答内容增粉，高阅读量是关键，而决定高阅读量就是内容和用户。上文已经对如何面对提问进行了介绍，在此将从头条号用户出发，介绍如何通过问答内容引导读者，充分发挥大流量平台粉丝的作用。

（1）加入自我介绍

头条号如果想要让更多人关注自己，首先就要让别人了解你，因此在回答问题时运营者应该在其中加入自我介绍，或是展示爱好、说明擅长领域，抑或表明所从事的职业，这些都是为自身加分的方法。

（2）加入引导语

在头条号运营过程中，让别人知道你并不够，还要进一步引导用户关注你、评论你，这样才能增强头条号与用户之间的互动，提升粉丝的活跃度。一般来说，运营者会选择在回答内容的末尾加入引导语。

（3）巧妙回复评论

加入引导语这一举措，还只是头条号与用户互动的前期条件，要真正参与互动的行动中，就要积极地、巧妙地回复用户的评论，这也是让用户注意到你对他（她）重视的重要途径，是增加用户黏性的好方法。

运营者在回复用户评论时，要注意表达技巧和回复的内容是否妥当。一般来说，在回复时最好有以下四个方面的内容：

- 对用户的评论或行为等表示称赞鼓励；
- 对用户遇到的问题提出贴心的建议；
- 针对某一专业问题与用户进行讨论；
- 对用户的评论、行为进行适当调侃。

虽然以问答的方式存在，但实质上这也是今日头条号推送的一种内容形式。因此，回复的图文也要注意其排版布局。那么，在对问答内容进行排版布局时，运营者应该注意哪些事项呢？具体如图10-5所示。

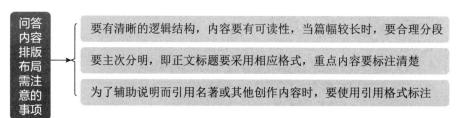

图10-5　问答内容的排版布局需注意的事项

⌖ 专家提醒

在今日头条号运营中，有些行为是被严厉禁止的，问答内容作为其中的一种重要内容形式，同样要遵循这些规则。当然，根据违反规则的行为严重程度，所获得的处罚也是不同的，分别为无阅读量和被删除、封禁。

违规的行为包括：回答内容与发表文案内容相同；多个问题下存在同一回答内容；插入的图片与回答内容无关联；回答内容是抄袭或拼凑得来的；回答内容中有低俗、恶意元素，插入了商品营销广告或二维码图片。

★ 10.2.4　热门微头条内容：打造强影响力

微头条就是今日头条平台推出的一款 UGC 产品，通过微头条功能，用户可以发布简短的文案，与人进行互动，并且它不再只是一个文章页的结合，而是通过微头条这一窗口建立与用户的关系。

在今日头条平台上，通过微头条发布的内容有文字和图片，且篇幅限制在 2000 字以内。当然，微头条作为短文案的一种，笔者认为还是篇幅短一些为好，最好控制在 300 ～ 500 字。

其实，头条号用户不仅是内容创作者，同时还是内容消费者，而头条平台一般通过三种渠道把这些创作的短文案分发给用户，从而完成内容创作、内容传播和分享、内容消费的全过程。以下为微头条内容的三大分发渠道。

（1）微头条渠道

在今日头条平台首页中，用户可以看到一个名为"微头条"的官方账号，点击进入账号，能看到该页面上都是一些热门文案。可见，这是微头条的主要分发渠道。

（2）关注渠道

在移动客户端上，你会发现在今日头条平台首页的左上角、在"推荐"菜单的左侧有一个"关注"频道，这也是微头条的主要分发渠道之一。

（3）推荐渠道

在今日头条平台首页，你会看到有一个"推荐"频道，这就是所谓的推荐渠道。在微头条，同样可以通过推荐渠道来分发内容，其中的内容既包括用户关注的头条号账户的内容，也有一些平台推荐的内容。

在微头条出现之前，今日头条号更多的是基于机器的推荐算法，呈现给用户的也是在这一算法下的各种内容。在这样的情况下，个人和品牌都是放在不显眼的位置，以小号的字显示在标题下方，与阅读数、评论数和点赞数等并列。

而当微头条出现之后，在微头条账号与头条号打通的情况下，在微头条的三大分发渠道中，个人和品牌得到了明显地凸显——在微头条内容上方会明显标示微头条账号，还可以在这一位置直接关注账号。从此，品牌与用户之间将有着直接的关系——直接关注和直接互动。

这就使得品牌的形象树立得到加强，在这样的情况下，把头条号品牌做大并发展为强品牌也就不无可能了。在这样的背景下，如果一些有着巨大影响力的品牌进驻微头条，那么用户在浏览微头条页面上就会注意到，还有可能进一步关注。因此，运营者如果要想打造爆款微头条内容，首先应该提升用户对微头条品牌的认知。打造一个强品牌，用户的关注也就来了。只要内容质量有保证，爆款内容也就在眼前了。

也许有人会问：自身不具备强品牌优势，难道就不能打造爆款微头条内容了吗？其实，方法是有的，且相对于一般的头条号而言，强品牌所产生的作用是建立在长期发展和运营的基础上的，是不能一蹴而就的。而接下来要说的两种爆款内容打造方式——创作力优势和人格化特征，是不受这种限制的，它们能通过头条号运营的合理安排来快速实现目标。

在没有足够品牌优势的前提下，运营者可以借助对平台用户的了解和纯熟的涨粉技巧，再在创作力优势的支撑下来实现爆款目标。这里所说的创作力优势，除了头条号运营者在各种内容、形式方面具有高超的水平外，还包括微头条账号本身在创作力方面表现的优势。具体内容，如图10-6所示。

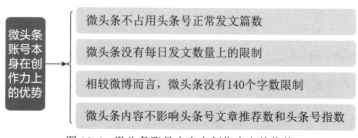

图10-6　微头条账号本身在创作力上的优势

对个人头条号而言，品牌的作用固然重要，然而创作力优势和人格化特征更是不容小觑。特别是人格化特征，它能吸引用户关注，并让用户加深对个人微头条账号的认知。

例如，一个名为"手机摄影构图大全"的头条号，经常分享一些有关摄影方面的技巧和知识，特别是在手机摄影和构图细分方面，可以称得上大师级别了。因而，用户一看到该头条号，第一反应就是其极具人格化的标签——"手机摄影"和"构图细分"，而其内容也很好地印证了这一人格化特征。

假如该头条号的运营者把这一人格化标签发展到微头条平台上，就可以通过简短的文案以及平时的互动内容，更好地树立微头条账号和品牌形象，提升整体的今日头条号价值，最终为打造爆款微头条内容奠定品牌基础。

10.3 推广技巧：爆款头条号带货文案形成

无论什么样的平台，对带货文案进行宣传推广都十分重要。那么，在今日头条平台上，头条号用户是怎样实现内容推广的呢？具体来说，它自有一套独特的推荐机制，本节就从这一机制的消重、审核和推荐出发，来为大家更为深入地讲述头条号的内容推广规则。

★ 10.3.1 消重机制：知晓内容没有推荐量的原因

在"消重"这一概念范畴中，"重"指的就是重复、相似。当然，这里的重复、相似可以从两个方面来理解，具体如下。

- 文案内容方面：指的是文案内容的文字、图片和视频等内容元素存在相同或高度相似的地方，特别是一些有关概念、基础理论知识和地方特色等方面的文案内容，是极有可能存在相似之处的。
- 文案带货主题方面：指的是文案带货的中心思想存在相同或高度相似的地方，如两个专注美食领域的头条号。如果其内容是关于同一地区特色美食分享的内容，那么就表示其存在主题上的相似之处了。

而头条号的推荐机制中的消重，就是针对这两个方面相似的文案，进行分类和对比之后再考虑是否推荐给用户，推荐给哪些用户。也就是说，在消重这一阶段，系统会从两个角度来对内容进行判断，如图10-7所示。

图 10-7　消重阶段的文案推荐判断依据

在这样的消重机制下，无论是文案的内容相似还是文案的带货主题相同，对于用户来说，能看到的也只是代表了原创的、最有价值的内容，而不是重复推荐的内容。这对于用户和头条号创作者来说，都是极为有益的，具体表现在四个方面。

（1）在推荐机制的消重作用下，有确定兴趣的用户刷新所看到的不再是系统根据平时偏好而推荐的类似内容，这就为更多内容的曝光提供了机会。

（2）对用户来说，相似的、重复的内容最多只能看到推荐的一篇，有利于提升用户体验，而且对于他们来说，同样或同类的内容，一篇也就够了。

（3）对于头条号创作者来说，在比较合理的推荐机制下，自身的权益有了保障，不用担心版权问题，这对新媒体形式的内容传播来说是一大进步。

（4）对于平台来说，今日头条一直是鼓励原创的，而消重的处理机制给了原创作者更多的机会，从而更好地弘扬和推广了其运营标准。

⭐ 10.3.2　文案审核：三大方面，确保内容能有效传达

从上文可以看出，在头条号平台推送内容，首先就要通过消重机制的检验，然后才能被决定是否推荐给更多的用户。而头条号创作者和运营者要做的就是如何才能不被消重。其实，有因才有果，要想不被消重，就只有深刻了解和掌握消重机制中的算法。

通过机器消重，首先要进行的处理就是把文案内容的文字、图片、标题等用一串串的数字代码代替，然后将这些数字代码进行对比，以此建立起消重处理的基础。

简单来说，这些数字代码所组成的信息就如同人的身份证，它是计算机应用领域里常用来判断信息重复性的要素。而在计算机系统中，每一篇文案都有它特有的"身份证"，如果内容不相似或不相同，那么，"身份证"也就会不同。就这样，机器系统通过判断头条号文案的"身份证"是否相同或

相似，就可以对比得出内容消重的结果。

那么，机器主要是根据哪些信息来实现消重的呢？具体说来，主要依据三个方面，如图 10-8 所示。

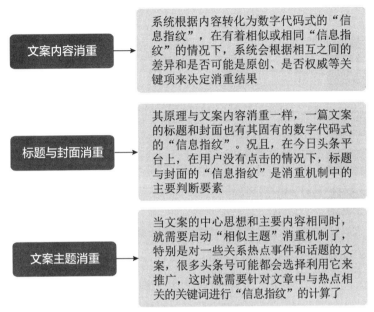

文案内容消重 → 系统根据内容转化为数字代码式的"信息指纹"，在有着相似或相同"信息指纹"的情况下，系统会根据相互之间的差异和是否可能是原创、是否权威等关键项来决定消重结果

标题与封面消重 → 其原理与文案内容消重一样，一篇文案的标题和封面也有其固有的数字代码式的"信息指纹"。况且，在今日头条平台上，在用户没有点击的情况下，标题与封面的"信息指纹"是消重机制中的主要判断要素

文案主题消重 → 当文案的中心思想和主要内容相同时，就需要启动"相似主题"消重机制了，特别是对一些关系热点事件和话题的文案，很多头条号可能都会选择利用它来推广，这时就需要针对文章中与热点相关的关键词进行"信息指纹"的计算了

图 10-8　机器系统消重的算法和类别介绍

针对以上机器消重算法，运营者要做的是采用相应的方法尽量避免被消重，具体方案如下：

● 针对文案内容消重，头条号应该尽量展开优质内容的原创工作；

● 针对标题与封面消重：头条号最好避开标题套路，写出有创意的标题；

● 针对文案主题方面，头条号不应一味追逐热点事件和话题，而应谨慎操作。

◎ 专家提醒

无论是内容还是标题、封面，抑或是主题，其消重的计算标准都是差不多的，是通过相互之间的关键性差异来判断的。其中，最重要的三个要点如下：

● 文案的发布时候已经开通了原创声明；

● 文案的发布时间是否在前，是否具有时间优势；

● 文案是否具有原创性、权威性和转载性。

在新媒体阵营中，大多数平台是不支持文案发布后的内容修改的，而今日头条是其中的特例——在发布后的 14 天内，允许头条号创作者和运营者进行再次修改。图 10-9 所示为当文章右侧的"编辑"字体颜色变灰时，该文案就不可编辑了。

图 10-9 头条号后台的可编辑和不可编辑的按钮效果显示

熟悉头条号运营的用户都知道，头条号文案发布的审核过程是需要一段时间的。因此，运营者修改推送文案也存在两种不同的情况，即审核通过前修改和审核通过后修改，具体内容如表 10-1 所示。

表 10-1 运营者修改推送文案的两种不同情况

修 改 情 况	内　　容
审核通过前修改	头条平台系统审核的不再是修改前的版本，直接以修改后的版本作为审核的文案内容
审核通过后修改	今日头条系统将重新对文案进行审核，显示的也将是修改后的版本。当然，修改的内容没有通过审核，则将继续显示修改前的版本

同时，对运营者来说，系统是不鼓励反复修改推送文案的，且那些修改了 3 次及 3 次以上的文案，还有可能无法获得系统的推荐。其原因就在于反复修改存在两个方面的弊端，具体如下：

● 除了标题外，其他内容的小修小补是不会对文案的推荐量产生大的积极作用的，反而会影响文案的及时发布和推荐量。

● 有些人会认为，文案审核通过后再去进行修改，可能系统就不会察觉出其中不符合规范的内容。其实这是大错特错的，因为系统会对文案重新进行审核，假如被判定为恶意修改，还会受到平台的严厉惩罚。

▣ 10.3.3 推荐系统：精准投送用户想看到的内容

在今日头条平台上，用户除了主动搜索以外，其所看到的内容都是通过系统的推荐呈现出来的。由此可知，推荐量是影响阅读量的主要因素之一。

所谓推荐系统，其实质就是机器对文案的阅读，当然，这种阅读与日常生活中的阅读不同，它具有高速、针对性识别等特征。其中，高速就是针对今日头条平台的 5 亿用户信息流，机器推荐系统都能较好地完成阅读任务。

而针对性的特征识别，是机器了解推送文案的工作方法和途径。那么，它究竟是怎样进行特征识别的呢？这是可以通过很多维度来实现的，其中比较重要的是"关键词"这个维度。

从关键词这一维度来说，机器推荐系统会根据两大原则，从众多的内容中抓取一些词语作为关键词。具体分析如图 10-10 所示。

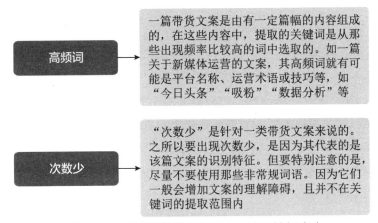

图 10-10 机器推荐系统的两大关键词判定原则

系统完成了关键词的判定后，就会将这些关键词与文案分类模型进行比对，从而得出这些关键词与哪一类关键词库中的关键词符合度高，该篇文案就会贴上那一类的标签并进行推荐。

今日头条的机器推荐系统是一个实现文案与用户匹配的推荐系统，上面已经介绍了其对文案的理解，下面将介绍其对用户的理解。

众所周知，今日头条的机器推荐系统实现的是个性化推荐，它会给每一位用户推荐其可能感兴趣的内容。

关于机器推荐，笔者在此举一个简单的例子，就让人很好理解了。比如一篇关于农产品的带货文案，它的阅读量很高，已经突破了100万。这篇文案放在微信公众号平台上足可称得上是一篇爆款文案了，但是在今日头条平台上，即使它的阅读量再高，在用户没有关注的情况下，对新媒体运营没有兴趣的用户仍然不能看到这篇文案。

可见，今日头条实行的是精准的个性化推荐，它对用户的认知是非常充分的，是建立在对大量数据进行分析而得出的用户结果的基础上的。具体说来，主要包括三个方面的数据，如图10-11所示。

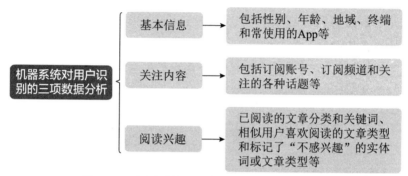

图10-11　机器系统对用户识别的三项数据分析

通过上图所示的三项数据，可以让系统对用户的阅读兴趣有一个大体的把握。当然，这些用户数据的判断，是建立在有着较大信息流的基础之上的。这里的较大信息流主要包括两个方面，具体如下：

一是从时间角度来说，用户使用头条号的时间越长，系统所获得的用户数据信息也就越多；

二是从用户数量角度来说，使用头条号的用户越多，系统所获得的数据信息也就越多。

经过了时间和用户数量的数据信息积累，今日头条平台的机器系统对用户的兴趣判断也就会越来越精准，从而能够得出更加清晰的用户画像，最终找到某一篇或某一类文案的目标用户并进行内容的推荐。

另外，今日头条的文案推荐并不是一蹴而就的，而是分批次推荐的，这样就更利于引导推荐和减少不受欢迎内容的推荐资源占用。所谓分批次推荐，可从五个方面来进行理解，具体如下所述。

● 分批次推荐包括两个层次：一是某一时效期内的多次推荐；二是不同时效期（24小时、72小时和1周）的推荐。

- 首次推荐的用户，是那些用户阅读标签与文案标签匹配度最高的用户，他们被认为是最有可能对该篇带货文案感兴趣的用户。
- 首次推荐的用户阅读数据（特别是点击率）决定着第一次的推荐量，即首次点击率高，表示这篇带货文案是适合这些用户的，系统就会增加第二次的推荐量；首次点击量低，表示这篇带货文案并不太适合这些用户群体，系统就会减少第二次的推荐量。
- 推荐系统中判断推荐量的阅读数据包括多种，主要是点击率、收藏数、评论数、转发数、读完率和页面停留时间等。
- 在一个时效期内，带货文案上一次的推荐量决定着下一次的推荐量。

🎯 **专家提醒**

今日头条的分批次推荐，实质是一种扩大机制的推荐，因此头条号运营者如果想要获得更多的阅读量，就应该让各项阅读数据都保持在高位水平上，这也就要求所推送的文案内容是优质的。

在机器推荐机制中，影响推荐量的除了各项阅读数据外，还有一些事项也需要注意，例如用户举报密集、负面评论过多、无效异常点击等，都是使得推荐量降低的原因。

如果在头条号运营过程中，总遇到文案推荐效果不好的情况，其主要原因在于推荐文案首次的点击率——如果点击率低，推荐量也就会相应变低，其推荐效果自然不好。因此，要想了解推荐效果不好的原因，就需要运营者找到文案点击率低的原因，特别是首次点击率低的原因。如果首次点击率低，那么后期将再难有高的点击率和推荐量。

一般说来，影响点击率的原因主要有两个，具体内容如图10-12所示。

当然，影响推荐量的除了点击率外，还包括其他多个方面的原因，具体如下：

- 推送内容潜在用户群过小，难以挖掘；
- 非原创或头条首发内容可能被消重；
- 同一领域相似内容太多，供过于求；
- 文案内容时效短，使得推荐时间短；
- 文案没有通过审核，从而无法推荐。

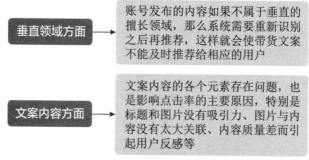

图 10-12　影响文案点击率的原因

⊞ 10.3.4　评论管理：通过互动，快速提升关注度

创作者和运营者在管理头条号的过程中，除了要注意内容的优质，以便吸引粉丝外，还应该注意通过与用户互动来吸引粉丝，提升用户黏性。

关于评论内容的回复，运营者除了要回答评论者的问题外，还需要对不同的用户采用不同的回复策略，具体如下：

● 针对粉丝评论，运营者首先可以感谢他们持续关注自己，然后在回答他们的提问时要注意采用一种更亲切的语气，仿佛老朋友在交谈一样，这样才能最大限度地提升用户的忠诚度；

● 针对非粉丝评论，运营者首先也应该感谢他们的支持，然后回答评论者的问题。除此之外，运营者还应该在最后以简短的语言，尽可能呈现用户关注后的福利，并邀请他们关注自己。

另外，在下拉列表框，运营者如果觉得某条评论存在问题或不中肯，可对其进行"举报"和"删除"的操作。

"推荐"在文案中的"评论"展示页面内都是存在的。那么，"推荐"具体是指什么操作呢？即"您可以对优质评论进行推荐，被推荐的评论将突出展示，每篇文案可推荐一条评论"。

对运营者来说，在管理评论内容时，不仅可以查看评论、与用户互动，还可以基于推广内容的目的而对优质评论进行突出显示，让该条评论更靠前。

在头条号后台的"功能权限"页面，有一项与评论保护相关的功能，即"评论保护"功能，这是一项对运营有着重要意义的功能。具体意义如下：

● 帮助运营者自主管理文案评论；

● 可避免受到低质评论的攻击；

● 帮助提升用户的阅读体验。

既然"评论保护"功能有着如此大的作用和意义，那么运营者应该如何开通该功能呢？其实，开通该功能是需要一定条件的，一是要求头条号已经开通了原创功能，二是在粉丝数量上要求头条号至少要有10000个累计粉丝。只要满足了上面这两点要求，即可开通"评论保护"功能。

开通"评论保护"功能的操作非常简单。运营者进入"功能权限"页面，单击"评论保护"功能右侧的"申请"按钮，即可开通该功能，如图10-13所示。

主页	帐号权限　功能权限			
私信				
评论管理	功能	状态	申请条件	功能说明
粉丝管理	头条广告	已开通	符合条件的头条号可以开通头条广告。	功能介绍
数据分析	自营广告	已开通	符合条件的头条号可以申请开通自营广告。	功能介绍
我的收益	图文原创	已开通	优质原创图文头条号可申请开通图文原创标签。	功能介绍
结算中心	视频原创	已开通	优质视频原创头条号可申请开通视频原创标签。	功能介绍
功能实验室	双标题/双封面	已开通	累计粉丝数5000以上；已开通原创权限。	功能介绍
原创保护	千人万元	申请	开通图文原创标签的个人帐号可申请。	功能介绍
号外推广	优化助手	申请	拥有双标题/双封面权限，或已授权了自动同步内容，满足任一条件可申请开通。	功能介绍
自定义菜单	加V认证	已开通	累计粉丝数10000以上。	功能介绍
图文	商品	已开通	累计粉丝数2000以上；已实名认证；近1个月发文大于10篇；无违规记录。	功能介绍
西瓜视频	外图封面	申请	累计粉丝数2000以上。	功能介绍
微头条	评论保护	申请	累计粉丝数10000以上；已开通原创权限。	功能介绍
悟空问答				
小视频	点击			

图10-13　单击"申请"，开通"评论保护"功能

在应用"评论保护"功能时，运营者要谨慎操作，其原因具体表现在三个方面，如图10-14所示。

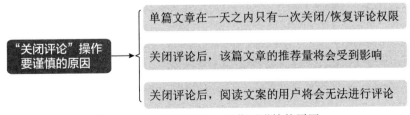

图10-14　"关闭评论"操作要谨慎的原因

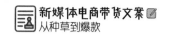

⌖ 专家提醒

关闭评论后，并不是说所有的评论内容都会被清除掉，其关闭的只是执行操作之后的评论内容。如果运营者认为某篇文案后的评论是低质的，想要不让它显示，那么可以使用"删除"功能删除该条评论。

在评论内容中，运营者经常可以看到"转发了""已转发"等内容，表示用户已转发该篇带货文案，使得其在更大范围内获得推广，这是一种基于优质内容展现在评论区的吸粉方式。

当然，在评论中留言"转发了""已转发"等内容的用户，有时除了是认可该内容而转发外，还可能是希望该头条号能关注自己，在评论内容中利用互动、互粉来实现互赢目标。

综上所述，从"转发"出发，头条号运营者主要是从两个方面来实现吸粉目标的，如图 10-15 所示。

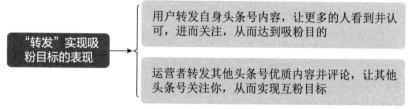

图 10-15 "转发"实现吸粉目标的表现

当然，对头条号运营者而言，除了可以通过转发的方式来实现吸粉引流外，还可以通过在大号和爆款内容下方发表有影响力的评论，最好是比较靠前的位置评论，让阅读该文案的其他用户注意到自己，这也是一种比较有效、能大量吸粉的方式。然而，运营者在选择头条号大号和内容时要注意，只有当双方头条号拥有共同潜在用户的情况下，其吸粉目标才能更快实现。

⭐ 10.3.5 快速转粉：6个小技巧帮助你轻松实现

在今日头条平台上，运营者可以利用的内容产品和功能是多样化的，而这些内容和功能是头条号流量增长的有力武器。

大家都知道，今日头条有一个与微信公众号平台完全不同的地方，那就是微信公众号推送的图文内容的第一次传播只是公众号的用户，而头条号推送的软文内容的第一次传播是由推荐量决定的。如果推荐足够多，在粉丝少的运营阶段，也是可以打造爆款的，引导大量用户阅读和关注的。因此，只要你的头条号内容有足够的吸引力和价值，想快速引导流量就不再是一句空话了。

首先，从吸引力方面来说，一般需要头条号图文内容具备三个条件，即在标题、封面和关键词方面有吸睛点。

图文内容吸引用户注意的第一因素就是标题，这也是用户在浏览网页时第一眼会注意到的，它决定了文案的阅读量和打开率。只要标题有足够吸引力，或是利用悬念或疑问等引起了用户的好奇心，或是用数字呈现图文内容的要点，或是在标题上加上了击中用户痛点的关键词等，就能带来点击量。

文案的封面同样是内容推荐显示的醒目要素。对图文封面来说，其吸引力主要由两方面决定，具体如下。

● 当封面图片只有图而无文字时，美观、简洁就是首要要求，特别是关于对图片有高要求的摄影、旅游等方面的文案。

● 当封面图片中有文字时，吸睛的、关键性的文字说明也很重要，它能很好地增加读者对内容的想象力和好奇心。

对于关键词来说，可以通过加到标题中或显示在封面图片中来实现引流。对于文案内容的价值方面来说，要成功实现引流的文案需要把握好内容的大方向，也就是说，爆款图文内容应该具备如下三个特点。

（1）内容要有特色

关于头条号平台的内容，运营者要把握好以下两个要点，才能打造内容特色。

● 个性化内容：个性化的内容不仅可以增强用户的黏性，使之持久关注，还能让其脱颖而出。

● 价值型内容：运营者一定要注意内容的价值性和实用性，这里的实用是指符合用户需求，对用户有利、有用、有价值的内容。

（2）增强内容的互动性

通过今日头条平台，运营者可以多推送一些能调动用户参与的积极性的内容，将互动的信息与内容结合起来进行推广。单纯的互动信息推送没有那么多的趣味性，如果和内容相结合，就能够吸引更多的人参与其中。

（3）激发好奇心的内容

运营者想要让目标用户群体关注头条号，那么从激发他们的好奇心出发，如设置悬念、提出疑问等，往往会有事半功倍的效果，远比其他策略要好得多。

今日头条平台上，通过 PC 端进入一个头条号主页，会发现该页面的账号下方显示了三类内容，即文案、视频和微头条。微头条除了利用优质的短内容来实现引流目标外，更重要的是，对一些新创建的头条号而言，由于还处于体验期，其所推送的图文内容并不能被推荐给关注用户以外的读者。因此，要想引流，除了主动邀请之外，通过微头条来引流是最佳、最有效的方式，这主要表现在三个方面。

（1）微头条内容简短，自然编辑起来也很简单。因此，在微头条内容中分享一些精辟的、干货式的知识点，在有价值的内容支撑下，很容易提升头条号的粉丝量。

（2）微头条发布程序简单，无须经过审核，因而在其中加入一些引导关注头条号的话语是不影响推荐的。在这样的情形下，实现引流也就更加简单和轻松了。

当然，这种引导语可以用多种形式发布，如可以凭借优质的内容来直接引导，也可以进行内容预告来引导关注。在笔者看来，这些都是切实可行的引流方法。

（3）微头条的内容除了通过"微头条"按钮来编辑和发布外，还有通过分享微头条的方式发布内容，也是可以吸引到一定粉丝的。

在上面的内容中，笔者已经陆陆续续提及了在内容中引导用户关注来吸粉的方法。在此，笔者将系统地介绍如何更好地在内容上设置引导用户关注的话语。

1. 图文内容

与微信公众号一样，在今日头条平台上，不添加关注也是可以查看账号发布的内容的。此时，运营者要做的就是在用户阅读时或阅读完引导用户关注。

2. 视频内容

视频内容中的引导关注，有时可能就是在视频某一处显示了头条号，或是视频中的人物以说话的形式来直接邀请用户关注。一般来说，只要视频确实有趣、有料，观看了视频的用户一般都会选择关注其头条号的。

3. 微头条内容

微头条内容本身就比较简短，因此在其中添加引导语来吸引用户关注得比较少，更多的还是利用 @×× 形式来让用户更多关注你的账号，特别是一些图文内容分享到微头条的，更是如此。

4. 问答内容

在问答内容中，运营者一般都会先介绍自己，再加入引导语。

利用互动话题内容来涨粉，归根结底得力于内容的作用和头条号的发展。也就是说，头条号打造一个互动话题，可以在提升粉丝黏性的基础上吸引更多有意愿参与话题的粉丝关注。

一般来说，头条号打造的互动话题，一般有两个方面的要求：一是要有足够吸引用户参与的动力，如提供某方面的福利、利用话题引导用户发表看法等；二是在时间和具体事务上的安排。一般来说，话题打造是可以通过提前给出信息来吸引更多粉丝的，且在用户参与的过程中和话题结束后的安排上要妥当，即运营者要充分注意引导用户，提升用户体验，并及时就用户的观点给出自己的态度。

5. 平台推广

随着互联网的发展，越来越多的新媒体平台开始出现，所涉及的领域范围之广、内容类型之多，实在让人目不暇接。而作为在今日头条平台发展的自媒体人，又将有着哪些机会可以为自身头条号吸引更多粉丝和引导关注呢？为此，笔者总结了三个方法，帮助自媒体人更好地吸引粉丝。

（1）利用资讯平台

如今，提供社会资讯的平台越来越多，如一点号、搜狐号和腾讯内容开放平台等，都是普遍受人们喜欢的资讯平台。

（2）利用社交媒体平台

微信是如今运用范围极广、发展极快的社交媒体平台，与之相关的微信公众号平台更是成为众多自媒体发展的摇篮。因此，一些以今日头条为主战场的头条号开始考虑从微信公众号平台引流。

微信公众号"头条易"就是一个专门介绍头条号投放传播的平台，用户在阅读其推送的内容时，是极有可能受到其中的头条号介绍的吸引而关注头条号的，如图 10-16 所示。

图 10-16 "头条易"微信公众号内容中的用户引流

（3）利用视频平台

在今日头条平台上，经常可以看到右上角有水印为"西瓜视频""抖音"字样的视频内容。由此可知，这些视频平台与头条号之间的引流操作还是可行的。只要与头条号相关联的视频号发布内容，用户如果觉得你的视频内容有价值，想了解更多的相关内容，就极有可能通过"短视频"平台来关注头条号，从而实现跨平台的头条号引流目标。

6. 其他方法

"互粉"是账号双方互相成为对方的粉丝。只需要在粉丝列表中，点击用户右侧的"关注"按钮即可实现"互粉"。如果有你关注了对方头条号但对方却没有关注你的情况出现，此时为了保证互粉的实现，可以在对方推送的内容中留言，提出希望互粉的目的，如"诚信互粉""粉必回"等，这样能在很大程度上提升互粉的成功率。

除了互粉外，"互推"也是一种提高粉丝量的方法。互推与互粉不同，它还需要借助一定的内容来实现。头条号的互推增粉过程，一般包括两种情况。

- 账号调性相似：运营者可以经过思考衡量，选择一些调性相似的头条号进行软文、视频等内容的互推。

- 大号带小号：有些头条号并不是单一存在的，而是存在头条号矩阵，此时就可以采用大号带小号的办法推动矩阵号的粉丝发展。

在微博、微信公众号平台上，都是有私信功能的，而在今日头条平台上，专门设置了"私信"菜单。这一菜单的设置，为吸粉引流的实现提供了便利，因为想要发私信的用户，在发送之前是必须关注头条号的，这样才能在手机客户端的头条号首页通过点击"发私信"按钮发送私信。

就这样，每一个发私信的人就会成为你的用户，当然，这还只是它的第一个引流的便利之处所在。此时，有些用户通过发私信获得了他（她）所需要的东西之后，有取消关注的可能，而"私信"菜单中的回复内容就能通过介绍自己的头条号来提供第二个便利，从而提升用户黏性。

在这样的两重便利之下，用户成为头条号的粉丝甚至忠实粉丝也就大体成功了，其吸粉引流的过程容易操作的，而其结果也是可期的。因此，在头条号运营过程中，可积极通过这一菜单来涨粉。

但是在吸粉的过程中还有一个关键点，那就是头条号因什么让用户给你发送私信。一般来说，能让用户发私信的原因，无非就是该头条号有他（她）所需要的优质资源或独家作品，他们能通过发私信的方式获取，因此才推动了这一关注头条号行为的发生。

在今日头条平台上，运营者在发布文案之后，除了可以通过头条号平台来推广内容外，还可以通过头条号平台的外链推广，把内容分享到其他引流渠道中，扩大内容的推广范围，如上面介绍的利用"转发"功能分享到微头条上就是其中之一。其实，除了微头条这一头条号内部的分享渠道之外，"转发"功能中还包括分享到新浪微博、朋友圈、QQ空间等渠道。

/第/11/章/

微博带货：打造高效的网红带货模式

　　微博作为时下热门的社交软件，受到众多年轻人的喜爱，在微博上有众多年轻的女性用户，这些用户消费水平高并且热爱时尚，该平台非常有利于自媒体人进行带货。在本章中，笔者将为读者讲述微博带货的前期准备、创作技巧以及博主带货案例分析。

11.1　前期准备：为微博带货蓄力

　　微博作为一个用户只需要用很短的文字就能反映自己的心情或者发布信息的平台，以其便捷、快速的信息分享方式获得了众多品牌与商家的抢占营销。那么，在微博平台中，该如何进行文案带货呢？本节，笔者将为读者讲述利用微博平台进行文案带货的前期准备工作。

★11.1.1　设置名称：让人一眼记住

　　一个好的名称可以让粉丝轻易记住，在众多用户中脱颖而出。因此，商家要为微博账号取一个好名字，可以遵循以下几点原则：

- 昵称不要太长，控制在四个字左右；
- 让消费者从昵称上知道你是做什么的；
- 昵称要突出所在行业的关键词；
- 让消费者从昵称上知道能获得什么；
- 可按照"姓名＋行业＋产品"的方式来取名。

　◎ **专家提醒**

　　昵称的设置要注意用户的搜索习惯，这样才能保证尽早被消费者发现。

★11.1.2　设置头像：捕捉用户眼球

　　对于品牌或者商家微博的头像，要看着真实，能够让人一眼便知道你是做什么的最好，笔者总结了几点技巧，如图 11-1 所示。

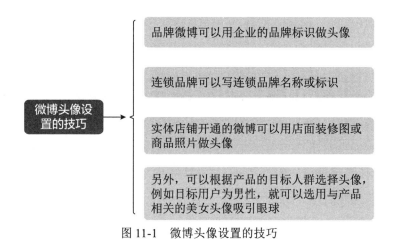

图 11-1　微博头像设置的技巧

★ 11.1.3　设置标签：带货人群更精准

标签的设定也是很讲究的，下面就来了解一下设置微博个人标签的规则。

1. 提高匹配度

如何提高标签的匹配度，可以设置 10 个关键词，前 6 个完整的关键词站在消费者的角度进行撰写，如美容类的标签，可写下"美白""养颜""祛斑""消痘""瘦身""去疤"等。后面 4 个就把一个词分开写，例如美、白、痘、瘦等，目的是让一个字能匹配到你，俩字也能匹配到你，三个字也能匹配到你。

2. 定期调整

博主要根据用户的搜索习惯定期调整标签的词汇，具体做法是：提前准备十几组标签词汇，定期去看用户搜索习惯，根据被搜索最多的词汇来调整自己的标签。

3. 合理的排序

选好了标签词，就要进行合理的排序，进行优化，例如前面的 6 组词都用 4 个字的词语，从第 7 个词开始，按照 4、3、2、1 个字的顺序来写，如"美白祛痘""美白祛""美白""美"。

4. 重视节假日

标签词最好一个月换一次，如果遇到节假日就更换与之相关的标签词，就把节假日写进标签里，当人们搜索关于该节假日信息的时候，就容易搜索到你的微博了。

★ 11.1.4 设置简介：勾起用户兴趣

简介是微博账号设置基本信息里的最后一项内容，也是粉丝访问账号时界面展示的重要信息。并且在个人简介中，用户可以写下自己的店铺名称以及合作的联系方式，如图 11-2 所示。

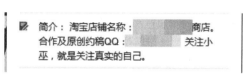

图 11-2 将个人店铺以及合作联系方式放入个人简介中

此外，店铺可以根据自己的产品准备很多词组，去掉个人标签用掉的词语，剩下的词可以填到简介中。最后，个人的博主也可以利用一句话介绍自己。图 11-3 所示为该博主就是用简短的一句话进行自我介绍。

图 11-3 一句话自我介绍

★ 11.1.5 完善资料：保证使用功能

完善的资料除了个人标签、个人介绍、头像这几项内容之外，还有职业等信息也要完善，这样粉丝或者其他用户才能根据里面的关键词搜索到你，而且完整的信息会给人一种真实的感觉，从而增加用户的信任感。另外，最好要绑定手机号码，这样才能充分利用微博的高级功能，否则有些功能是用不了的。

★ 11.1.6 注意事项：保障带货效果

微博用户碎片化阅读特征非常明显，因此博主在运用微博进行文案带货时，要注意微博软文发送的时间段，以获得更多的关注，一般在上班时间段（8：00—9：00 点）或者工作日下班后的时间段（18：00—23：00 点）软文营销价值比较大，这个时候的转载率是最高的，主要原因如图 11-4 所示。

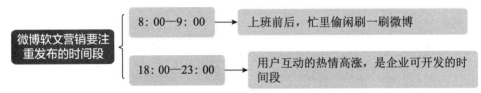

图 11-4　微博软文营销要注重发布的时间段

很多博主总会认为，某条微博的评论数或转发数非常大，就觉得这篇软文营销效果不错。其实不然，光用评论数和转发数来评判软文营销的效果并不那么精准，因为有些转发也是无价值的。因此，博主在进行微博文案带货的时候，需要从以下两方面对营销效果进行判定。

第一个方面是水军。有些品牌将微博软文营销外包给其他中介公司来做，而这些中介公司有时候为了让营销效果从表面上看起来特别好，就雇了大量水军来进行转发和评论，但这些水军并不是真正的粉丝。因此，品牌或者博主想要获得真正的粉丝，还必须整治水军账号，谋取真正的粉丝转发量。

第二个方面是质量。博主需要注重软文营销的质量，而所谓的质量，就是指在运行软文营销的过程中，博主要考虑"评论中有价值的评论有多少""转发里是否存在高质量账号""高质量账号有多少"。如果这几个数据都很低，那么整个软文营销的效果则不能算好。现在，微博对营销号进行了整治，博主对于软文的质量更是要严格把控。不能只一味地追求曝光量，而去杜撰和捏造事实，或者发表一些会对账号造成不良影响的言论。

◎ 专家提醒

高质量账号，是指带有微博认证、相对专业的用户或粉丝数量较多的用户。

自媒体在微博进行文案带货时，还应寻找自己产品和服务的客户以及潜在客户群，这样才能体现出文案带货的针对性强的特点。那么，自媒体该如何在微博上精确到客户呢？共有三种方法：话题、微群、标签。

● 话题

微博上常常会出现各种各样的话题，自媒体可以根据自己店铺经营定位，通过这些话题，搜索到参与该话题的人群，这样就能找到自己的精准客户群了。

如果发现某些用户经常参与"#带着微博去旅行#""#一起去看海#""#欢乐亲子时光#"这样的话题进行讨论，而自媒体恰好又熟悉旅游领域，那么就可以通过这样的方法去寻找消费者，积极参与此类话题，然后会得到很多评论、点赞和转发。

● 微群

微群是一个供相同兴趣爱好的人一起交流互动的平台，自媒体可以在微群中建立与个人带货范围相关的话题，那些进入到微群里的用户就是店铺的目标用户了。

● 标签

自媒体人可以通过分析微博用户的标签，然后按照年龄、性别等方式对他们进行归类。如果自媒体带货者的目标客户正好和某一人群重合，则这类微博用户就会是其目标客户或者是潜在客户，那么自媒体运营者的目标就是去吸引这些人群。

找到目标客户或潜在客户后，运营者就应该想尽一切办法将他们变成自己的粉丝。将目标客户转变为粉丝的方法有三种：主动关注、打造灵魂、评论和转发。

（1）主动关注

博主不能一直都等着别人来关注自己，应该学会主动出击，主动关注目标客户的行为，在很大程度上会促使一般微博用户在得到新粉丝之后，都会回访一下关注人的微博。在运营初期，博主可以和其他活跃用户多多互粉，获得粉丝量。

（2）打造灵魂

自媒体运营者想要为微博账号增粉，就必须打造优质内容。打造优质内容的方法可以是发布自己的想法、心情或身边的趣事、新鲜事等，若想要赢取用户信任就一定要让他们通过微博感受到账号的真实，而不是一个冷冰冰的机器或者简单的营销号，不要只发布一些推广信息和软文，可以多发布与生活相关的事情、恶搞段子、图片、实时、经验等，也可以转发一些搞笑的视频，如图 11-5 所示。

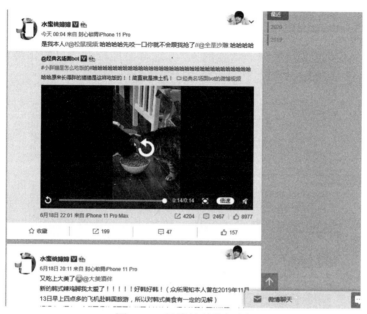

图 11-5　转发搞笑的视频

（3）评论和转发

自媒体用户可以在微博用户的博文下写一些有价值、有深度的评论，这样能吸引微博用户的注意，除了评论之外，还可以转发，这样会让用户觉得受宠若惊，从而增加对博主的关注。

通过评论和转发，可以与用户建立起一座互粉的桥梁，这时让用户变成博主的粉丝也就不是什么难事了。这种方法需要持之以恒，并且要用心去评论别人的信息，才能取得好的效果。

最后，有些博主在微博软文营销的过程中，由于营销方式很多，造成忙不过来的情况，于是就会请一些兼职人员，规定只要平均每天发一条微博软文，就算微博软文营销任务基本完成，但很有可能削减微博软文营销的效果。

微博软文营销的关键就在于微博软文发布后，不断地与用户进行互动，来保持或增加用户对微博的关注度。因此，软文营销并不局限于在发布软文上，它是由很多小环节一环扣一环而组成的，并不是每天发布软文就算完成微博营销的任务，因为这样可能起不到任何作用。

11.2 创作技巧：打造爆款微博文案

微博是一个能聚集人们交流的地方，这里每天都能有新鲜的事件、话题，自媒体或者店铺可以利用微博的特性进行软文营销。本节，笔者就带读者来看看微博软文营销有哪些技巧。

★ 11.2.1 借时下热门：提高文案曝光率

自媒体在微博热门话题中可以找到热门微博、热门话题、综合热搜榜等方面的内容。图11-6所示为微博男榜榜单。

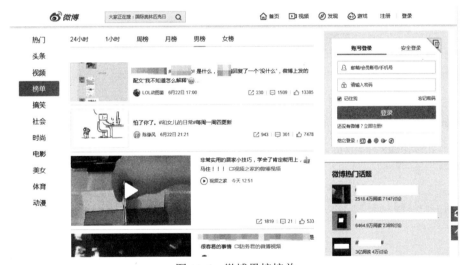

图 11-6　微博男榜榜单

自媒体人可以借助时下的热门话题来吸引人们的关注，将软文和热门话题相结合，可以有效地提高用户的关注度。博主在利用热点带货时，需要对热点进行筛选，不能一味蹭热度。另外，蹭热度痕迹过于明显的文案，很可能不但不会给博主带来粉丝，还会让用户讨厌。

在利用热点话题时，博主可以选择与自己带货产品相匹配的话题。如果是美食类产品的带货，那么就可以选择有关美食的话题。夏季到来之际，冰激凌、西瓜、冰粉、凉糕或者其他解暑美食便成了网友们所关注的产品。这时候，博主可以利用该时间点的热点与带货产品结合进行带货。图 11-7 所示为某博主的绿豆糕带货文案。

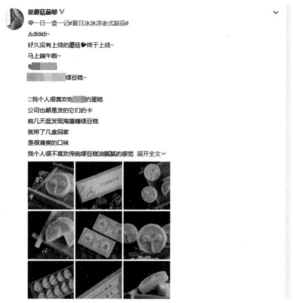

图 11-7　博主绿豆糕带货文案

图 11-8 所示为品牌进行美食带货的文案，利用的是时下热门的综艺节目《乘风破浪的姐姐》。对于这类综艺节目来说，自媒体运营者还可以进行美妆产品或者服装的带货。

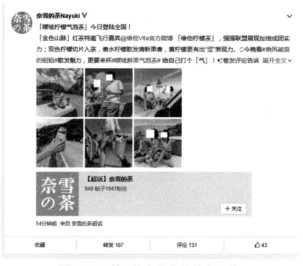

图 11-8　利用热点带货的美食品牌

★ 11.2.2 利用历史：让产品富有韵味

这里的历史，不仅仅指古时候发生的历史故事，还指品牌所在地的历史文化、品牌的发家史、创业史等，甚至还包括品牌经营项目的历史渊源等。

例如，带货茶叶就可以通过将历史和软文相结合的方式进行营销，下面就来欣赏一篇利用所在地的历史文化来烘托产品的软文——《难忘那一抹清新 清明探访西湖龙井村》。这篇软文来源于新浪旅游网。

难忘那一抹清新 清明探访西湖龙井村

很多人去了杭州，记得西湖，记得丝绸，记得龙井茶，可是却很少人记得去一下龙井茶的出产地——龙井村。

龙井村位于西湖风景名胜区西南面，四面群山环抱，呈北高南低的趋势，村内常住人口有800多人，拥有近800亩的高山茶园。村的西北面，北高峰、狮子峰、天竺峰形成一道天然屏障，挡住西北寒风的侵袭。南面为九溪，溪谷深广，直通钱塘江，春夏季的东南风易入山谷，通风通气的地理条件为龙井茶的生长提供了得天独厚的优势。这里出产的龙井茶位居"狮、龙、云、虎"之首。

"茶乡第一村"——龙井村，因盛产顶级西湖龙井茶而闻名于世。它东临西子湖，西依五云山，南靠滔滔东去的钱塘江水，北抵插入云端的南北高峰，四周群山叠翠，云雾环绕，就如一颗镶嵌在西子湖畔的翡翠宝石。

相传，公元1078年，北宋元丰元年，上天竺主持辩才法师退居老龙井，在狮峰山麓开山种茶，开创了龙井种茶的先河，后人称他为龙井茶的开山鼻祖。乾隆皇帝爱新觉罗·弘历六下江南，四到龙井茶区。乾隆二十七年（1762）三月甲午朔日，乾隆皇帝第三次到杭州，畅游龙井，登上老龙井品茶，赞不绝口，称"色、香、味、形俱佳"，御封了"十八棵茶树"。自此，龙井茶名声远扬。

龙井茶为中国十大名茶之首，早在唐代，杭州一带便开始产茶。到宋朝时这一带的茶叶已名闻遐迩。到了清朝，据说乾隆南巡饮龙井茶后赞不绝口，誉为佳品。后来，人们就把龙井一带的茶叶称为龙井茶。龙井茶的品种有"狮、龙、云、虎"之分，狮指狮峰，龙指龙井，云指云栖，虎指虎跑。这4地的茶叶以狮峰龙井最为上品。龙井茶有"色绿、香郁、形美、味甘"四绝之称。特级龙井茶每斤约有8万个芽头，一亩地中只能采摘一二公斤，可谓"其贵如珍，不可多得"。

虎跑泉水有较大的分子密度和表面张力，在盛满水的杯子中轻轻放入硬币，硬币能浮在水面而不沉。即使水面高出杯口达三毫米，水也不外溢。在冲泡龙井茶时，把开水放置至七八十摄氏度，再冲泡最为适宜，若用沸水冲泡会把茶叶烫"熟"，那么头泡苦涩，二泡、三泡无味。且用壶泡茶时要由高冲低，高冲茶叶易展、易化，低斟可保持热度和香气。龙井茶以前三泡为佳，再多便淡而无味。因而，龙井茶只宜慢慢品，不宜做牛饮。

【分析】

该篇软文的写作特点为：

（1）开篇以西湖作为引子，引出了"茶乡第一村"——西湖龙井村；

（2）然后通过历史故事讲述了龙井茶名扬天下的因果；

（3）最后着重讲述龙井茶的来源、品种及冲泡方式、口感等。

因西湖龙井村、龙井茶有着悠久的历史，因此该篇软文抓住这个特征，从历史、典故角度出发引出商品，不仅不会显得过于商业化，而且还颇有古韵。

专家提醒

在微博上，自媒体人也可以抓住这一点，将人文历史与软文营销相结合，肯定能吸引到一批感兴趣的粉丝。

★ 11.2.3 制造话题：保证账号活跃度

面对微博这个用户数量庞大的即时性平台，博主要学会制造话题。图 11-9 所示为某家具品牌制造的话题主页。

图 11-9 某家居品牌制造话题的主页

虽然发布话题的方式不多，但是话题的内容却可以有很多，例如：

- 店铺获得融资；
- 接待社会知名人士；
- 节假日促销活动。

这样就能保证博主的活跃度永不断，让消费者随时都能看到博主的消息。当然，制造话题需要遵循以下原则：

- 一定有依有据，是真实的，不能编造；
- 可以用新闻性的表达来撰写新闻软文。

★11.2.4　与对手比较：竞争实现双赢

自媒体人要擅长向竞争对手学习，对于同一个产品或者同一项服务，要仔细研究对手的软文特点，然后取长补短，找出自己的优势所在并在软文中体现出来。

在与对手比较的过程中，注意不能刻意诋毁对手，要站在客观的角度去进行软文创意，不能为了达到自己想要的营销效果，就刻意去攻击对手的弱势，这样很容易给消费者留下不好的形象。

★11.2.5　提升影响力：为带货做铺垫

众所周知，在互联网时代，微博的影响力主要由三个因素决定，即活跃度、传播力和覆盖度，下面进行具体分析，如图 11-10 所示。博主在进行文案带货的时候，如果想要提升带货的效果，就要从这三大因素入手。

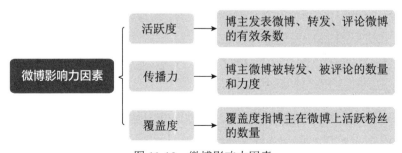

图 11-10　微博影响力因素

借助拥有大量粉丝的知名博主之手，帮助博主文案带货，可以取得更好的营销效果。借助知名博主进行文案带货主要有两点优势，如图 11-11 所示。

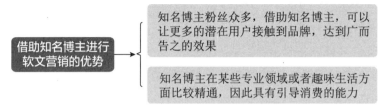

图 11-11 借助知名博主进行软文营销的优势

许多品牌也会利用知名博主的影响力，进行合作宣传，如图 11-12 所示。

图 11-12 与知名博主合作进行带货

有的自媒体人也会和知名博主进行合作、互粉或者时常在评论下互动。

🔖 11.2.6 招纳人才：善于利用他人

发布微博软文不是一件轻巧的事情，每个想要通过微博文案带货来打造互联网品牌的店铺，都必须招纳专门的微博软文运营、策划人才。

微博软文运营、策划人才，通常需要具备两点职业素养：一是具备店铺经营范围内的专业知识；二是具备一定的媒介洞察力和素养。下面进行具体原因分析，如图 11-13 所示。

图 11-13　博主必须具备的职业素养及原因

★ 11.2.7　精简文案：140字打造精华

博主在微博上运行文案带货，最好的方法是写 140 字的文案内容，虽然博主可以发长微博，但人们不会花费太多的时间去仔细查看长篇大论的微博，因为人们对简练的内容会更感兴趣。在发 140 字微博文案时，需要注意以下几点。

1. 前40字以内吸引住眼球

博主在进行文案带货的时候，要在前面 40 个字以内就吸引住用户的眼球，才会有效果。比如，很多店铺在发布加盟开店的微博软文时，就会用短短两行字，直接说明主题，将能够给加盟者带来的好处直接说出来，吸引有意向的人。就算没有意向去网上开店的人，也会忍不住多留意两眼。

还可能有很多人被吸引，即使开始没有意向，也会忍不住产生意向，然后去咨询具体事项。

◎ **专家提醒**

对于品牌来说，在前面 40 字就吸引住消费者眼球是一种非常不错的软文营销技巧，但是对于消费者来说，见到这种软文信息，还是要有一定的判断能力，注意不要上当受骗了。

2. 用疑问句来结尾

在微博带货的最后，可以用一个疑问句来结尾，这样就相当于抛出一个话题来供消费者讨论，引起更多人的共鸣。图 11-14 所示为采用疑问句来结尾的微博软文。

图 11-14　采用疑问句结尾的微博软文

3. 罗列信息

微博文案带货可以使用"1、2、3"等编号形式将软文的信息罗列出来，更能够清晰地阐释文案内容。此外，也可以按照图片的顺序进行介绍。

专家提醒

不少搞笑博主进行带货时，也会制造出搞笑的段子或者故事，再将产品穿插到故事之中。这样的方式既有利于吸引粉丝的注意力，也能让产品衔接得自然流畅。

11.2.8　巧用"@"功能：借助名人

在微博软文营销中，"@"这个功能非常重要，可以在博文里"@"名人微博、知名博主的微博、媒体微博或者品牌微博等。如果这些媒体或名人回复你，那么很有可能获得一批粉丝的关注，从而扩大自身软文的影响力，还有的可以通过知名博主的微博来"@"博主自身，也就是直接借助知名博主来给自己打广告的意思。图 11-15 所示为品牌通过知名博主和"@"功能来吸引粉丝的事例。

除此之外，博主还可以通过"转发 +@× 名好友参与抽奖"的粉丝福利方式，推广产品以及提高文案的曝光率，如图 11-16 所示。

45分钟前 来自 微博 weibo.com

同样是天天玩手机，你想独立多份收入不妨点她微博@盛世雅丽服装。

多一份工作,多一份收入,多一份快乐不妨点她微博@盛世雅丽服装。

年轻人就该在最好的年纪过自己想要的生活,想在空闲之余多份工作收入的点她微博@盛世雅丽服装

图 11-15 通过知名博主和"@"功能吸引粉丝

#端午节##区块链##币安# 端午节就快来啦～你们爱抽奖的月姐又来送端午节福利啦！关注我,转发这条微博并@三个好友,🖇6月20日下午18：00抽出四位粉丝送▨▨▨内粽礼盒。@币安Binance官方 @区块101 🖇抽奖详情

▨▨▨▨ 来自 iPhone XR

图 11-16 利用粉丝福利抽奖

11.3 案例分析：深入理解微博带货

本小节，笔者将为大家分享微博带货文案的案例，让读者在实战分析中了解微博带货，帮助其更好地进行微博营销。

⭐ 11.3.1 省钱博主"白菜"：每天发布"白菜价"的高性价比商品

"白菜"是一个专门分享福利，提供白菜价产品的博主，其带货文案主要体现产品的优惠价格，利用价格吸引用户。

图11-17所示为"白菜"博主的带货文案，其文案内容非常简单，也非常直观，就是产品的名称＋优惠价格＋图片。

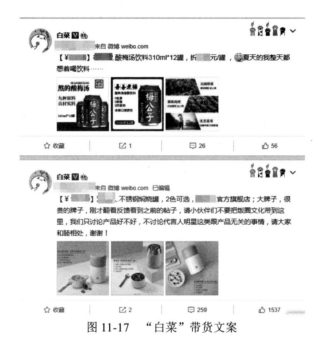

图11-17　"白菜"带货文案

⭐ 11.3.2 "吃播"网红博主"密子君"：每种草一家店，就会人气爆棚

"密子君"是一个网红美食主播，也是一个美食带货博主。在她的微博里，有许多关于美食和其生活方式的分享。她的带货主要以视频的方式为主，对于吃货而言，她的微博具有很大吸引力。

"密子君"进行试吃的产品口味多种多样，带货的方式也是，有去线下店铺探店、试吃，也有对品牌的零食进行推广等。图11-18所示为"密子君"直播带货发布的微博预告。

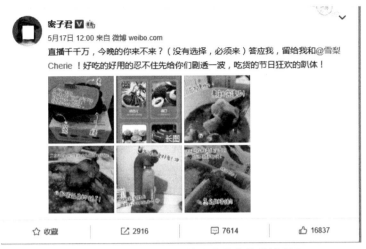

图 11-18 "密子君"直播带货发布的微博预告

11.3.3 时尚美妆博主"优里娜"：不仅有颜值，还有才华

"优里娜"是一个美妆博主，她进行带货的产品也多是美妆、服饰等与时尚相关的产品。图 11-19 所示为"优里娜"的带货微博。该博主以其精湛的化妆技术，受到了许多粉丝的追捧。她在带货中，经常会传授一些其自身的搭配技巧或者美妆技巧。

图 11-19 "优里娜"的带货微博

/第/12/章/

淘宝带货：内容种草让消费者逛电商

淘宝平台上拥有众多电商，因此在淘宝平台带货非常便捷，并且逛淘宝的用户也多是为了购买产品，无论是货源还是用户都为淘宝带货提供了优势。本章就淘宝带货，从四个角度进行讲述，分别为淘宝文案的创作技巧、文案撰写方法、文案的内容形式、文案的营销技巧。

12.1 创作技巧：打造优质文案的前提

淘宝作为最大的电商平台，拥有巨大的流量，同时也有许许多多的电商品牌。那么，想要在淘宝平台进行带货，该如何写文案呢？在本节中，笔者将为读者讲述淘宝带货文案的创作技巧。

■ 12.1.1　抓住消费心理：更精准地提高带货率

优秀的电商文案往往都是"心理专家"，这些优秀文案通过文字＋图片＋色彩的组合满足消费者的心理需求或心理期望，轻而易举地销售产品。

所以，文案要走心，并不是一如既往地追求文字优美，也不是简简单单解释产品信息，更不是由无数个促销信息堆积起来的，它是以消费者心理、消费者需求、消费者期望为前提，利用或幽默，或富有诗意，或有创意地进行产品信息的诠释、促销信息的展现、活动的公布等。

■ 12.1.2　学会关联销售：全方面、多层次带货

关联营销是一种将营销内容与其他事物进行关联，从而实现全方位、多层次营销的手段。对于电商来说，关联营销不仅是一种营销手段，还是一种提升电商文案等级的方法。

关联销售的模型包括七种，分别是：互补关联、场景关联、行为关联、延伸关联、替代关联、单纯曝光、潜在关联。下面来看一则场景关联销售示例，如图 12-1 所示。

图 12-1　关联销售示例

⭐ 12.1.3　进行情感设计：打造动人心弦的文案

当下，质量和价格已经不是消费者唯一看重的东西，情感和心灵上的共鸣也是他们所追求的东西。

电商企业在进行软文营销时，不仅要重视企业和消费者之间简单的交易关系，还要关注两者之间的情感交流。电商企业需要通过版面设计、图片选择和文字描述来满足消费者追求舒适、美感、品位的需求，通过情感营销来满足消费者的精神需求，这对企业实现长远目标是非常重要的。

下面就来看看某商家打造的钻戒，利用"男士一生只能定制一枚"进行的情感营销，如图 12-2 所示。

图 12-2　情感营销示例

【分析】

上面的情感营销示例以"纯粹的爱"为主题，表现爱情的忠贞不渝。文案的内容反映了结婚时双方美好的爱情和对婚姻的向往，击中女性对被爱的喜悦和男士为了表达自己的爱的真心。整个详情页以婚礼为底，更加突显出甜蜜、浪漫的气氛，会让准备结婚的消费者忍不住对婚礼产生憧憬，甚至会对号入座，产生购买欲望。

⭐ 12.1.4　讲述勾人故事：轻松让消费者停留

对于电商来说，讲故事是一种普遍的文案营销手段，也是容易吸引消费者眼球的方法，因为人们对自己不知道的故事会产生好奇的心理，并且只要故事具有知识性、趣味性、合理性，就能体现出故事的存在价值。需要注意的是，带货文案中的故事不是重点，重点是故事背后的产品线索。

通过讲一个完整的故事带出产品，是一个循序渐进的过程，一步步带领读者进入软文的思想，加重了产品的"光环效应"，给消费者心理造成强烈的暗示，从而促进销售。

■ 12.1.5　投射消费心理：满足消费者心理预期

在电商的软文创作中，可以利用投射心理方法。什么是投射心理？投射心理在心理学上是指将自己的思想、愿望、情绪等，不自觉地映射在其他事物上或场景中的一种心理作用现象。在电商的文案带货中，则是指通过唯美的、满足消费者心理预期的画面，让消费者把自己想象成画中人的一种营销方式。

下面来看两则投射心理文案示例，如图 12-3 所示。第一则是一个垃圾桶的带货文案，适用于活动范围小的地方，例如小卧室、厨房、卫生间等，对于不愿意到处走动的消费者来说，十分符合其心理，实用且方便；第二则是一个关于檀香的带货文案，主要针对生活压力大的消费者，用写作者自身练瑜伽和产品的配合使用经验，以诚恳的态度打动消费者。

图 12-3　投射心理文案示例

🔖 12.1.6　制造紧迫心理：刺激消费者进行购买

如今的消费者有一个明显的特点，就是喜欢稀缺性的产品。如果电商抓住这一点，在详情页上强调产品的稀缺性，给消费者制造紧迫感，那么很有可能会促使消费者滋生出购买产品的想法，从而获取销量。

那么，怎样才能制造出紧迫感和稀缺性呢？其实很简单，只需将"活动"与"促销"搭配起来用即可，利用活动抛出促销，并设定活动规则，在规则上体现出活动时间不长、需要消费者加紧购买等，来刺激消费者心理，让他们产生如果这次不买就亏了的感觉。

下面就来看一则制造紧迫感的视觉文案示例，如图 12-4 所示。

图 12-4　制造紧迫感的视觉文案示例

🎯 **专家提醒**

利用图片＋文案的视觉效果加上"限量""价格""数量"等方面刺激消费者，可以使他们产生紧迫感，感到产品的稀缺性，从而激发他们的购买欲。

🔖 12.1.7　进行适当诱导：从潜意识打动消费者

在详情页里一般会有买家评价，如图 12-5 所示。电商企业会选取买家好评放在详情页上，这实际上就是通过真人秀，诱导消费者购买产品。

通常情况下，消费者在查看某样产品的详情页时，其实是带着购买的想法翻看的，但他们要货比三家或者是在寻找一定要购买此产品的原因。

图 12-5　商品买家秀

而买家评价就是给消费者建立起购买原因之一的重要因素，一般写得好，看上去又非常真实的买家评价，是很容易勾起消费者购买欲望的。没有评论或者评论少且没有买家秀图片的产品，可能会让消费者产生怀疑的想法，并且放弃购买。

⊙ **专家提醒**

除了买家评价之外，还可以放置产品被收藏的趋势图，这种趋势图可以给消费者一种"是不是需要收藏它一下"的想法，诱导客户不确定购买时先收藏。

★ 12.1.8　展示产品细节：详情展示获得信任感

对于电商来说，产品细节也可以做出出色的软文。在详情页中，细节展示是必不可少的。电商需要将产品真实地呈现出来、对产品的各个角度进行特写，并且最大化展示产品优势，同时配上细节文案，一篇细节图的软文就出来了。

细节文案写得好，能够为电商商家带来不可估量的价值。下面就来看某品牌产品的详情页细节展示示例，如图 12-6 所示。该产品是一件连衣裙，每个细节图都会配上一行文字，页面看上去十分简洁，并且黑白色彩对比也是十分强烈，符合该裙子店铺的调性。

图 12-6　详情页细节展示示例

⭐ 12.1.9　文字不要太多：体现浓缩的就是精华

对于电商行业的商家来说，文案带货通常是文字和产品图搭配一起进行的，所以在电商文案里，文字不要太多。很多电商商家总认为文字越多越好，因为可以用文字的形式诠释出产品的所有特点，可是这样做并不能吸引消费者的注意，密密麻麻的文字反而会使消费者产生视觉疲劳。适当的文字加图片会让页面看起来更加赏心悦目，同时文字可以放大一点，让消费者一眼就能扫到文字内容。图 12-7 所示为某店铺首页栏的软文示例，大家一起来欣赏一下。

图 12-7　某店铺首页栏的软文示例

从图 12-7 中，可以看到店家用了一幅画和一段自我介绍的文字，其中图片放在首页最醒目的位置，让人一目了然。图片下方细小的黑字是店家的自我介绍以及开店的初衷，并且内容与图片都表现了其对古典事物的热爱。

 12.2　撰写方法：帮助用户轻松书写文案

熟悉了创作技巧之后，那么该如何撰写淘宝文案呢？在本节中，笔者将讲述淘宝文案的撰写方法。

⭐ 12.2.1　趋势切入：让消费者更易接受

在电商带货文案中切入行业趋势是一个非常不错的软文撰写手法，通过行业趋势来突出产品自身的优势、性能和特点，实际上就是借助行业趋势的宣传，打造能够被消费者接受的软性广告。下面分析这种方法的好处，如图 12-8 所示。

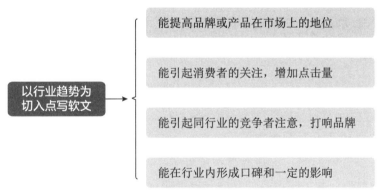

图 12-8　以行业趋势为切入点写软文

⭐ 12.2.2　生活出发：从内容上接近消费者

所谓的从消费者生活出发，是指在软文中利用客观现象，来组成一个故事，巧妙地突出产品的功效。这样的做法有两点好处：

● 吸引读者的注意力；

● 大大地提高读者对产品的信赖感。

例如，索芙特香皂，用讲故事的方式展示了木瓜美白香皂的功效，从而吸引了大批年轻女性消费者，让索芙特香皂在当时获得了不少的红利。

那么，有人就会问，为什么"索芙特木瓜美白香皂的故事"能引起女性消费者的关注呢？那是因为它很巧妙地抓住了女性消费者的美白需求，突出美白祛斑香皂的功效。由此，女性消费者才会愿意去购买。

因此，站在消费者的角度，从消费者的生活出发，将产品的功效用生活的故事描写出来，会起到很不错的效果。

■ 12.2.3　连载书写：让消费者产生期待

电商带货文案可以像连载故事一样写，具体的操作方法是在撰写的过程中，埋下伏笔，而这个伏笔的作用，是为下一篇文案做铺垫。这样连续下来，就会像一个连载故事一样，为读者制造可想象的空间以及期待感。这样，文案撰写者就不用担心曝光率了。

　　⊙　**专家提醒**

需要注意的是，下篇文案的故事要与埋伏笔的文案相衔接，且下篇文案还要有其他的故事，不能与上篇重复，要多制造一些新鲜感。

■ 12.2.4　幽默口吻：打造轻松选购氛围

文案撰写者千万不要胡编乱造地撰写文案，一定要真实，不能对品牌或产品的声誉有所影响，否则就得不偿失了。但是，文案撰写者可以稍微运用夸张、幽默的口吻突出产品的功效，以及给读者一个购买产品的理由。

例如，推广油漆，可以利用甲醛来做文章："新家在进行装修的过程中，很容易生成甲醛，而甲醛的危害大家也是有目共睹的，特别是对免疫力稍差的小孩和老人来说，很有可能成为致命伤害。由此，某某油漆，为了给人们制造一个健康环境，努力研究出绿色环保的油漆，成为人们的骑士，与甲醛做斗争。"

另外，随着表情包的流行，不少店家在进行产品推广时，也会适当运用表情包，不仅让人印象深刻，还会感觉店家幽默有趣。

12.3 文案表达：多形式文案内容展示

在淘宝平台进行文案带货时，包括哪些渠道呢？淘宝内的模块众多，在本节中，笔者将重点带读者了解淘宝平台文案带货的形式。

⭐ 12.3.1 微淘带货：内容简短清晰

"微淘"在淘宝平台最下栏占有一个专门的标签，如图12-9所示。在"618"期间，"微淘"的界面中又分为众多标签，例如"上新""直播""618""种草""福利"等。"上新"里可以看到用户关注的店铺。

图 12-9 淘宝"微淘"

在微淘进行带货时，店铺通常会展示众多图片，"微淘"的内容对于用户来说，查看也非常便利。"微淘"中的文案内容篇幅较短，但配图丰富。

⭐ 12.3.2 淘宝头条：介绍更详细

图12-10所示为淘宝头条。淘宝头条界面中又分为"新鲜""首页""新品""评测""园艺""影视"等模块，淘宝头条的文案带货与百度头条、

今日头条等网站上的文案相似，文案篇幅较长，内容更详细。

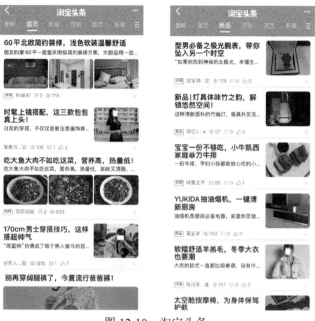

图 12-10　淘宝头条

⭐ 12.3.3　哇哦视频：短视频带货更方便

图 12-11 所示为哇哦视频界面。哇哦视频有大量的直播内容，分为"今日精选""趣体验""时髦穿搭""美妆教师""萌宠"等众多模块。

图 12-11　哇哦视频

12.3.4 淘宝直播：超值福利购买

淘宝直播是非常适合带货的一个方式，因为直播行业非常火热，并且具有高互动性、及时性等优势。图 12-12 所示为淘宝直播界面。

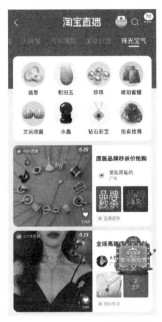

图 12-12 淘宝直播界面

12.4 营销技巧：爆款带货文案的养成

熟悉淘宝带货的形式之后，究竟该如何进行营销呢？在本节中，将重点讲述淘宝营销的技巧。

12.4.1 卖点吸引：让消费者不得不买

在电商软文营销中，撰写卖点营销文案是一个非常好的营销方式。什么是卖点营销文案？就是利用产品卖点来吸引消费者，让消费者看到具有卖点的图片后，就能找到购买这个产品的理由。

卖点营销文案语句一定要简练。千万不要用过多的文字去诠释卖点，否则会让消费者失去耐心，就算他们阅读完，也不会产生过多的购买欲望。总之，要做到用少量的文字，直冲消费者的心房，让他们无法抗拒购买欲望。

对于电商企业的卖点视觉营销方案来说，一次性不要放置太多的卖点，最好是放置一个最吸引人、最核心的卖点，才能具有一定的说服力。

很多电商企业在制作卖点营销文案时，常常陷入"最"的误区，总以"第一""最好""最耐用"等词汇，来突出产品的卖点，这样并不能冲击到消费者的心理防线，只会让消费者产生"真的是最好的吗""真的耐用吗"等疑问，而且现在打广告，像"最""第一"之类的词汇是被严格限制的。那么，如何撰写卖点营销文案呢？笔者给出几点建议。

1. 借用励志故事

人们总是习惯性地去注意一些成功人士的故事，或者是对一些不可思议的事情感到好奇。如果电商企业制造励志文案，就会很容易引起消费者的关注，如"励志哥从 0 基础到月薪上万的故事""他 60 岁开始考清华，成效惊人""她是如何进入国际银行工作的""1 天，迅速拿到外企 offer"等。

2. 借用修辞手法

电商企业可以运用比喻、夸张、拟人等修辞手法，将某一事物的特点与另一事物自然不生硬地关联起来，产生新鲜的视觉效果。将两个事物巧妙地连接起来，博得消费者会心一笑，也是一种使消费者记住的文案手段。

例如，"遮成'白眼圈'不如大胆晒，防晒'小金瓶'有它不用躲！""1280元的暑假住宿班，空前火热，打架报名中……"这两则文案，都利用了夸张手法。

3. 借用提问形式

对于电商的文案策划小组人员来说，可以通过提问的形式进行电商文案的撰写。通常来说，选取人们熟悉的话题进行发问，更能够引起消费者对品牌的共鸣和思考，同时也更能够给消费者留下深刻的印象。

例如："人民币一块钱在今天还能买点什么？或者，也可以到老罗英语培训听 5 次课"。这就是典型的提出问题，然后在图片的某一处回答问题的文案形式。图 12-13 所示为借用提问形式进行自问自答的文案形式。

人民币一块钱在今天还能买点什么？

或者，也可以到
老罗英语培训听5次课

图 12-13 借用提问形式进行自问自答的文案形式

⭐ 12.4.2 产品关联：一眼了解产品特点

产品关联营销文案在电商中运用得非常广泛，其文案是直接扣住产品特点，并与图片相结合而形成的。产品关联营销文案一般没有限定字数，但最好是在 30 个字以内，这样可以避免出现消费者失去耐心的情况。下面来看一则产品关联营销文案示例，如图 12-14 所示。

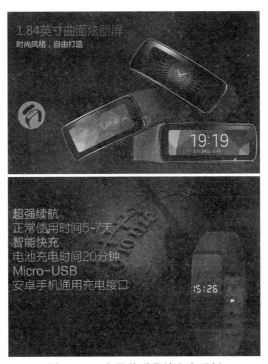

图 12-14 产品关联营销文案示例

从这两张产品关联营销文案示例图可知：

● 文案要能够描述产品的核心功能；

- 文案必须具有可读性；
- 最好直接阐述产品功能；
- 文案与图片要相符；
- 文案设计要有阅读层次性，以渐进式的文字设计引导用户认知产品。

⭐ 12.4.3 促销活动：高销量产品必备

对于电商来说，活动是打响品牌和提高销售量的方法之一。电商企业在制作活动营销文案时，不要太详细地描述活动内容，只要提及核心内容即可。

对于消费者来说，同类产品选择多了，就会开始从产品的创新、活动力度等方面进行层层挑选，选择一个看上去舒适、符合消费者心理的产品。因此，促销活动类的电商文案可用促销活动来吸引消费者。图12-15所示为淘宝首页促销、活动类的电商文案。

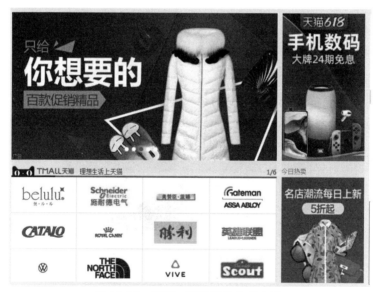

图12-15 促销、活动类的电商文案

从这几张促销活动营销文案示例图可知：

- 活动营销文案核心内容要突出；
- 可简要介绍活动内容，如果活动内容比较丰富，就可以安排其他的图片进行详细介绍；
- 促销营销文案一定要让消费者感觉到"超值""划算"；

● 适当加点时间限制，让有欲望购买的消费者产生紧迫感；

● 图片色彩一定要有亮点，而且尽量鲜艳一些，让用户有种快乐的感觉。

⭐ 12.4.4 一句话文案：短小精悍

成功的一句话文案，一般都具有三个特点：简洁、有趣、刺激消费。电商企业可以通过一句话文案的特点，并结合产品本身的特点、功能等因素，来进行文案的创作。

一句话文案并不是一个独立的个体，它是由很多种方法循序渐进地进行选择、演变而得来的，并不是随意想到一句比较符合产品主题的话，就是好的一句话文案，也不是一句富有诗情画意的优美句子，就是好的一句话文案。一句话文案需要掌握一定的技巧。

1. "加法"法则

电商企业在写一句话文案之前，不要给自己规定范围，可以异想天开，可以金句频出，总之，想到什么就将它写下来。将自己的思维扩展开，让自己处于完全开放的兴奋状态，由此形成连锁反应，不断地扩大产品可塑性、趣味性等，然后将写下来的内容进行筛选，创造出最合适的文案。

2. "减法"法则

"减法"法则，顾名思义，是从原本有的文案中删减、挑选出最能吸引消费者注意力的、容易记忆的文案。"减法"法则通常包括两种方式。

（1）直接减内容

可以将文案比作树枝，需要将一堆杂乱的树枝进行修剪，才能形成好看的形状，直接去掉没有意义的内容，留下最精简的文案。

（2）精简修辞法

在文案上把一些不必要的文字删减掉，如下所示：

● 去掉前后重复的词语；

● 将不必要的修辞删减掉；

● 将那些不影响句子意思的词汇去掉；

● 可以使用短语代替句子的，就使用短语代替。

3. 素材收集

做文案之前，还可以收集与产品相关的素材，其中包括同类产品的图片、相关网站、时尚杂志，甚至是诗集，都可以收集在一起并分类放置，作为创意文案的参考资料。当看到可以用的图片时，需要查看图片是否为侵权图片，是否具有水印，如需要截图，则存储格式需要用无损格式 bmp 或 png。

除此之外，还需要根据店铺风格定位收集素材，特别要注意四个方面：

- 素材的色调要和谐；
- 素材的风格元素要统一；
- 素材不要与产品造型发生冲突；
- 素材要有衬托产品的作用。

一般最好的素材是那些成功文案里的素材，可以多收集，观察出它们的特点。

4. 列举法则

列举法，是一种在原句的基础上做最基本变化的方法，只是列举法比较耗费时间，很多电商企业都不愿意去花这个时间，害怕花费大量的时间来做无用功。他们只想得到一步到位的文案，不想花费过多的时间、精力、人力。

可事实上，创意是不可能一步到位的，是需要多次的尝试才能成功。列举法通过文字表达的角度，进行不断的演变，将每个词汇、句式都列举一遍，直到没有办法再进行修改为止。

列举法，可分为基本列举与花样列举两大类。

（1）基本列举：在原句基础上做最基本的变化；

（2）花样列举：在原句上另加元素，以改变原句调性为主。

下面就以"桌上有一瓶牛奶"文案为例，进行基本列举法与花样列举法举例，如下所示。

（1）基本列举法，是在原句的基础上做最基本的变化，如下所示。

- 桌上有一瓶牛奶；
- 桌上放着一瓶牛奶；
- 桌上只有一瓶牛奶；
- 一瓶牛奶放在桌上；
- 有一瓶牛奶在桌上。

（2）花样列举法，就是另外添加元素，以改变原句的基调和性质，如下所示。

- 设问：桌上有一瓶牛奶？是的。
- 反问：你难道没看到桌上有一瓶牛奶？
- 加入英文：桌上有一瓶 Milk。
- 利用阿拉伯数字：桌上有 1 瓶牛奶。
- 口语化：桌上搁着一瓶牛奶。
- 修饰化：一张檀木雕花的桌上，静置着一瓶新鲜的牛奶。
- 其他角度：桌子与一瓶牛奶相互吸引在一起。

⊙ 专家提醒

简单来说，列举法就是尽可能地写出一个句子的所有表达方式，然后再进行筛选，选出最切合产品理念的文案。

 12.5 营销案例：学习他人成功之处

了解到淘宝带货的创作理论之后，接下来，笔者将为读者讲述淘宝营销案例，从实战中，帮助读者学会淘宝带货。

★ 12.5.1 MCN机构"网星梦工厂"：不得不说的机构带货王

我们先来看看 2019 年"双 11"的达人机构榜单，在阿里妈妈和淘宝联盟推出的榜单上，排名第一的机构是网星梦工厂，如图 12-16 所示。

网星梦工厂是一家 MCN 机构，早期做电商网红的孵化，后来转向泛娱乐内容方向，主营业务有：营销账号的运营、虚拟 IP 的运营、衍生授权及整合营销、泛娱乐方向的网红孵化及整合营销。

在"双 11"当天，网星梦工厂的带货红人以每秒成交 17 单、每分钟成交 1041 单的速度悄然夺冠，并交出了"双 11"全天付款订单 160 万笔，销售金额 1.5 亿元的成绩单，成为当之无愧的机构带货王。

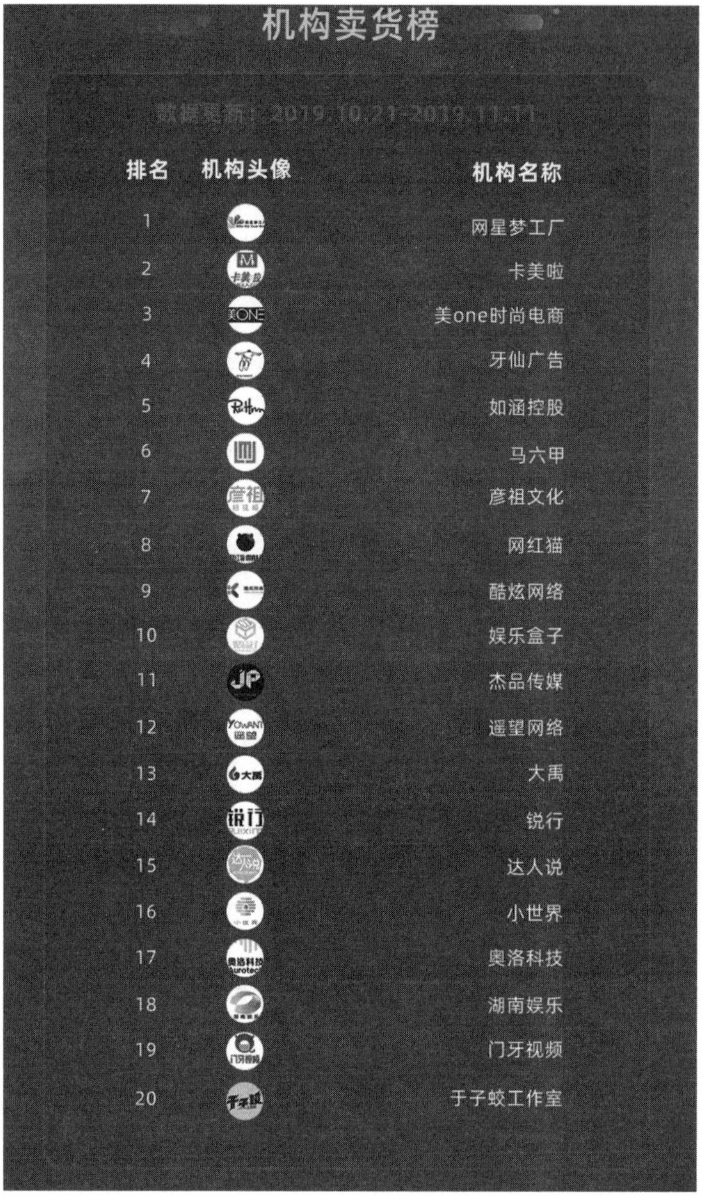

机构卖货榜

数据更新：2019.10.21-2019.11.11

排名	机构头像	机构名称
1		网星梦工厂
2		卡美啦
3		美one时尚电商
4		牙仙广告
5		如涵控股
6		马六甲
7		彦祖文化
8		网红猫
9		酷炫网络
10		娱乐盒子
11		杰品传媒
12		遥望网络
13		大禹
14		锐行
15		达人说
16		小世界
17		奥洛科技
18		湖南娱乐
19		门牙视频
20		于子蛟工作室

图 12-16　达人机构榜单

为什么这家机构的成绩单，会比网红电商公司如涵控股和口红一哥李佳琦所在的美 ONE 时尚电商的成绩单更加好看呢？接下来笔者就分析一下它成功的原因。先来看这家公司的主营业务，主要有三个方向，下面进行具体分析。

（1）营销账号的运营

网星梦工厂拥有 200 多个全平台垂直类账号，作为不露脸的渠道资源，既可以"单独作战"，也可以联合"网红们"进行整合营销，这也是公司最早的业务。

（2）泛娱乐方向的网红孵化及整合营销旗下签约主播连轴直播

该平台有 70 多位网红签约艺人，分别布局在微博、秒拍、快手等各大平台，媒介形式也从文字跨度到短视频和直播的整条业务线。该平台将签约艺人分为 A、B、C 3 个等级，从最低的 C 级到 A 级有标准的孵化配套方案。

（3）虚拟 IP 的运营、衍生授权及整合营销

网红星工厂已经签约了熊本熊的 IP 授权，将负责熊本熊 IP 在中国线上线下的全线运营和 IP 衍生授权。网红星工厂会为熊本熊开通微博运营，并根据 IP 打造内容和线下活动，同时还在与一些国际知名虚拟 IP 洽谈合作，比如迪士尼。

网星梦工厂旗下的主播大都是由自己孵化成功的，这样培育出来的主播会更加珍惜粉丝，对粉丝的购买力、产品偏好甚至购买时间都有正确的把握。

除此之外，这些达人对淘宝的平台规则非常重视，2019 年"双 11"期间对淘宝的红包、定金等玩法规则进行了深度研究和高度配合，使得粉丝转化率非常高。整个"双 11"，网星梦工厂旗下的主播们推出的带货链接共获取超过 500 万次点击，总付款超过 160 万笔，点击购买转化率达到了 30% 以上。

网星梦工厂从 2015 年就开始批量素人的孵化，让签约内容创作者实实在在赚到钱，再加上 2019 年"双 11"交出的漂亮成绩单，给更多想要从事主播行业的普通人更大的自信和鼓励。

★ 12.5.2 雪梨Cherie：年销售额达10亿元，斩获"淘宝女装第一"

雪梨 Cherie 最初是淘宝的一个直播新人，但是在短短的时间内，连续三场直播拿下 1.7 亿元销售额。雪梨 Cherie 在带货中，具有以下几个特点。

（1）注重选品

雪梨 Cherie 非常注重产品的选择，并且她的团队是以"全网最低"的决心为粉丝服务。因此，选择高质量、福利价的产品是雪梨带货中的第一个特点。

（2）做足功课

雪梨 Cherie 在进行带货之前，会对产品做足功课，并且还会邀请专业领域的人员为粉丝讲解，目的就是让粉丝全面了解产品。

（3）自身亲测

雪梨 Cherie 带货的产品中，既有她自身在用的产品，也有爆款产品以及小众产品。无论是哪类产品，都是由她本人进行使用之后，再为粉丝进行介绍的。

（4）多形式直播

雪梨 Cherie 直播间的形式众多，不仅仅是她本人进行带货，还会邀请其他专业人士进入直播间，进行产品分析和使用。

（5）多平台联动

雪梨 Cherie 带货时会使用多个平台共同带货，例如微博、小红书等。多个平台的运营，会为直播间进行引流。